家族も安心

エンディングノート

分冊 よくわかるお葬式と手続きの手引き

二見書房

はじめに

人間は、いつかは必ず死を迎えます。「そんなこと考えたくはない。でも気になる」。だからこそ、あなたは本書を手にしたのだと思います。

将来が漠然としたままだと、「旅行に行きたいけれど、お墓がきちんと建てられるか心配だから、我慢しよう……。子どもにだけは迷惑をかけたくない」、あるいは「ひとり暮らしだけれど、最期はどこで迎えることになるのだろう」などと不安が募り、決して多くはない残された時間を、前向きな気持ちで過ごすことが難しくなってしまいます。

こんな窮屈な状態から脱け出す方法が、ひとつだけあります。それは、「人生のフィナーレを飾る」という目標を立てることです。

そうすれば、自分が考えるべきこと、すべきことが見えてきます。

自分はどんなフィナーレを飾りたいのだろう？

最期のときは、どこでどのように迎えたいのだろう？

「人生の卒業式」ともいえる葬儀について、何か希望したいことはあるだろうか？

『エンディングノート』と『よくわかる葬儀と手続きの手引き』の2冊から成り立っている本書は、自分の幸せな最期の迎え方を考え、具体化し、ご家族に伝えていくための本です。

『エンディングノート』には、自分史や愛する家族へのメッセージ、最期の迎え方の希望、財産の記録、友人知人の連絡先などを実際に書き込めるようになっています。

自分の人生をまとめるにあたって、必要なことがすべて押さえられるようになっていますので、ご自身はもちろん、残されるご家族にとっても、大切なかけがえのない1冊になることでしょう。

特に、もしものときに、あなたの意思を尊重し、あなたの納得のいくように見送りたいと思うご家族にとっては、大きな助けとなるに違いありません。

そして、今あなたが手にしている『よくわかる葬儀と手続きの手引き』には、理想のエンディングを考えるうえで必要なことと、臨終の連絡から通夜・葬儀・諸手続き、さらにはお墓の建て方まで、必要なことをポイントを押さえて解説してあります。

亡くなったあとの実務を、ご自身があらかじめ把握していれば、想定される事態に事前に対処することができます。また、これ1冊あれば、もしものときもご家族は慌てたり、まわりに振り回されたりすることなく、落ち着いて悲しみと向き合うことができるでしょう。

理想のエンディングについて考え、書き残しておくことは、人生の総まとめの時期を迎えているあなた自身の務めともいえます。本書がその一助となれば幸いです。

目次

第4章 葬儀後に行なう手続きと届け出

第5章 お墓について

第１章

自分らしいエンディングを考える

人生のフィナーレを飾るために、
自分らしいエンディングについて
考えてみましょう。

※本章の内容は、同梱の『エンディングノート』に対応しています。

「自分らしいエンディング」を迎えるために

「自分らしいエンディング」と聞いて、皆さんは何をイメージするでしょうか？

「子どもに迷惑をかけないのが一番。葬儀はシンプルでいいが、大好きなあの曲だけはかけてほしい。たいした財産はないけれど、一応、遺言は書いておくか」と、葬儀や遺言について考えをめぐらせる人もいるでしょう。

あるいは、「自分には身内がいないから、延命治療をどうするか、意思表示する手立てを決めておかなければ。連絡してほしい人のリストや財産、手続き関係を誰に託すかも考えておこう」と、最期の迎え方やその後について思案中という人もいるかもしれません。

では、こうした「自分らしいエンディング」を迎えるために、私たちはどうすればいいのでしょうか？

それは、元気な今のうちから、しっかりと「準備」をしておくことです。

具合が悪くなってからでは、情報収集が難しくなりますし、家族の手をいちいち煩《わずら》わせるのも申し訳なくて、自分の希望を口にしづらくなってしまいます。

また、気持ちばかりが焦って何から手をつけていいのかわからず、「あとのことは、残される者に任せよう」とさじを投げたい気持ちになるかもしれません。

いざ「そのとき」が訪れる前に、準備さえしておけば、自分らしく、子どもや周囲に迷惑をかけない、最高のエンディングを迎えることができるのです。

1章では、納得のいく人生のフィナーレを飾るために、前もって知り、考えておくべき5つのポイント――「人生の最期の迎え方」「新しい葬儀のかたち」「自分らしい葬儀」「遺言」「埋葬とお墓」についてまとめました。

本章を手がかりに、まだまだ漠然としている自分らしいエンディングを、どうか考え始めてみてください。

幸せな人生の最期の迎え方を考える

最後まで自立して生活することが私たちの願いですが、人生に不測の事態はつきものです。

「こんなはずじゃなかった」という状況を招かないために、認知症や寝たきりになったらどうしたいか、最期はどこで誰と迎えたいかについて、自分の気持ちを整理しておきたいところです。

具体的には、「介護」「後見人制度」「最期の看取《みと》りの希望」「尊厳死」などについて考えておくとよいでしょう。

介護について

下記のチェックリストにしたがい、万が一、介護が必要になった場合に備え、介護を受けたい人や場所、費用について、希望を書き残しておきましょう。その際は、理由も書いておくと、家族も納得しやすいはずです。

介護についての希望

「誰」に介護してほしいか？	□配偶者や息子・娘夫婦などの家族 □介護サービスを使ってほしい □プロのヘルパーを使ってほしい □特に希望はないので、家族の判断に任せる
「どこ」で介護してほしいか？	□可能な限り自宅を希望する □息子・娘夫婦の暮らす家を希望する □病院での介護を希望する □介護施設に入所して専門家による介護を希望する ・特別養護老人ホーム ・グループホーム ・老人保健施設 ・民間のケア付きマンション □特に希望はないので、家族の判断に任せる
「費用」はどうするか？	□保険や貯金で準備している □準備していない □これから準備しようと思う □申し訳ないが、家族に用意してもらう

成年後見制度について

認知症などで判断力に問題が生じると、悪徳商法などの餌食《えじき》になってしまう心配も出てきます。こうした事態に備え、検討しておきたいのが、「成年後見《せいねんこうけん》制度」です。

これは、認知症などにより、財産管理や介護保険手続きなどが難しい高齢者などに「後見人」を設定し、生活全般をサポートする制度です。

同制度には2種類あり、本人の判断能力がすでに不十分な場合は「法定後見制度」を、判断能力があるうちに将来に備えて後見人と契約する場合は「任意後見制度」を選択します。

後見人による財産の遣い込みといった最悪のケースも想定し、後見人を信頼のおける人にお願いしたいのであれば、今のうちにわかるように書いておきましょう。

このほか、地域の社会福祉協議会が、判断力の低下した高齢者の生活補助を、１回１０００円程度から（地域やサービスにより異なる）とリーズナブルに行なう「福祉日常生活自立支援事業」を利用する選択肢もあります。

判断能力の低下に備えて

	法定後見制度	任意後見制度	福祉日常生活自立支援事業
判断能力	なし	あり（契約時）	やや低下～あり
後見人	家庭裁判所が選定	本人が選定（成人なら誰でも可）	社会福祉協議会のスタッフがサポート
後見人ができること	すべての法律行為	契約書に定めた行為	小銭金銭や書類の預かり、福祉サービス契約時の補助など
費用	■家庭裁判所への申し立て時に約10万円前後（自治体の補助制度あり） ■後見人への報酬は、所得や財産状況に応じて家庭裁判所が決定	■契約内容を公正証書にするので、その作成費用に2万円前後 ■後見人を弁護士に頼むと月額3万円前後～	■小銭金銭の預かりは1時間1000円程度～（地域やサービスによって異なる）
申請窓口	家庭裁判所		地域の社会福祉協議会
申請者	本人、配偶者、4親等以内の親族ほか	本人	本人、ケアマネージャーなど

※法定後見制度は、判断力の程度が低いものから後見、保佐、補助の3種類があります。表は「後見」の例。

最期の場所と看取りについて

住み慣れたわが家で最期を迎えたい――多くの人がこう望んでいるのに、現実には8割以上の方が医療機関や介護施設で亡くなっています。

その理由のひとつに、私たちの準備不足があげられます。自宅で最期を迎えるには、24時間体制で支えてくれる在宅ケアチームを、自ら作り上げなくてはなりません。

しかし、在宅ケアチーム作りには、とかく時間がかかります。往診や訪問看護を実施する「在宅療養支援診療所」が近所にない場合には、往診をしてくれる開業医や訪問看護師を、自力で探さなければならないからです。

最期は自宅でと考えているなら、在宅医や支援システムについて、常日頃からアンテナを張っておきましょう。

一方で、病院や介護施設には自宅のような自由さは期待できませんが、悪い点ばかりではありません。24時間、医師やスタッフがそばにいるという安心感があります。

自分は何を最優先するのか、それぞれのメリット、デメリットを踏まえ、考えをまとめておきたいところです。

尊厳死について

「チューブにつながれた、無駄な治療はしたくない」

私たちがいくらそう考えていても、「治療」を前提とする病院では、治る見込みがゼロでも、人工呼吸器や点滴での「延命治療」が一般的でした。しかし近年では、過剰な延命措置はせず、人間としての尊厳を保ったまま、自然な死を迎える「尊厳死」を望む人が増えています。

尊厳死を希望する人は、年会費２０００円を支払い、宣言書に署名・押印をして、日本尊厳死協会に送付し会員登録します。宣言書のコピーが2通送られてくるので、自分と家族で保管し、必要なときに医師に提示します。

ただし、現時点では、尊厳死に関しての法律はありません。ですから、尊厳死宣言書は１００％の法的効力を持つとはいえないのですが、提示した際の医師の尊厳死の受容率は95％に及ぶとされています。

■一般社団法人　日本尊厳死協会

住　所：東京都文京区本郷２－29－１－２０１

ＴＥＬ：（０３）３８１８－６５６３

自分の遺体について考える

献体する

献体《けんたい》とは、医学・歯学の大学における学生の解剖学教育・研究に役立てるため、自分の遺体を無条件・無報酬で提供することをいいます。「なぜ献体を？」と不思議に感じるかもしれませんが、献体の動機で多いのは「医学や社会、お世話になった医療者のために役に立ちたい」「自分の死生観をかたちにしたい」というものです。

献体先の大学は、日本篤志献体協会のホームページ（http://www.kentai.or.jp/）で探すことができます。注意したいのは、献体の登録時に家族の同意が必要なことです。献体は通夜・葬儀後、大学側が遺体を搬送し、解剖実習に役立てたあと火葬されますが、遺骨が返されるのが1～2年後になるため、抵抗を感じる遺族も少なくありません。あらかじめ家族にしっかりと説明し、あなたの気持ちを理解してもらいましょう。

臓器提供する

2010 年7月に改正臓器移植法が施行され、生前に書面で臓器を提供する意思を表示している場合に加え、本人の意思が不明な場合にも、家族の承諾があれば臓器提供ができるようになりました。これにより、あなたの意思表示がないと、家族が、決断するまでに悩み、苦しむといった状況が生まれます。下記の表に、臓器提供の意思表示のしかたをまとめましたので、自分はどうすべきか考えてみてください。

臓器提供の意思表示法

<table>
<tr><th>意思登録の種類</th><th>登録先</th><th>自分の希望や提供できる臓器</th></tr>
<tr><td>インターネットによる意思登録</td><td>■日本臓器移植ネットワークの「臓器提供意思登録サイト」https://www2.jotnw.or.jp/ により意思登録できる
■「臓器を提供しない」意思も登録できる</td><td rowspan="3">■「脳死後及び心臓が停止した死後のいずれでも臓器提供する」「心臓が停止した死後に限り臓器提供する」「臓器提供しない」の３つから１つを選択
■提供できる臓器は、心臓（50 歳以下）、肺（70 歳以下）、肝臓、腎臓（70 歳以下）、膵臓（60 歳以下）、小腸（60 歳以下）
■サイト上では「眼球（角膜）」は意思登録できない。後に郵送される登録カードに提供できる臓器として印刷されているので、眼球を提供したくない場合は自分で × を記入
■皮膚、心臓弁、血管、骨などの組織も提供してもいい人は、特記欄に「すべて」あるいは「皮膚」「心臓弁」「血管」「骨」などと自筆で記入</td></tr>
<tr><td>保険証・運転免許証の意思登録欄への記入</td><td>■保険証と運転免許証（2010 年７月以後発行のもの）の裏面にある「臓器提供についての意思表示欄」に書き込む</td></tr>
<tr><td>意思表示カードへの記入</td><td>■役所や保健所、運転免許試験場、一部コンビニなどで配布されている「意思表示カード」に記入</td></tr>
</table>

新しい葬儀のかたちを知る

核家族や未婚者の増加にともない、自分の葬儀を自分で考えておくことが珍しくなくなってきています。

また「葬儀はお寺に頼まなければいけないのか?」「葬儀費用はなぜわかりにくいのか?」「戒名《かいみょう》は本当に必要なのか?」など、当たり前に行なわれてきた葬儀のあれこれに対する、疑問の声も聞かれるようになってきました。

２０１０年３月と５月に日本消費者協会が行なった「第９回葬儀についてのアンケート調査」では「今後の葬儀のあり方」について、「形式やしきたりにこだわらない」と回答した人が、約６割にのぼっています。現状では、伝統的な仏式で行なわれる葬儀が約９割を占めますが、宗教にとらわれない葬儀や、仏式にオリジナルの演出をとり入れる葬儀を望む人は、確実に増えています。

宗教の葬儀については３章で詳しく紹介しますので、ここでは、新しい葬儀のかたちについて解説しましょう。

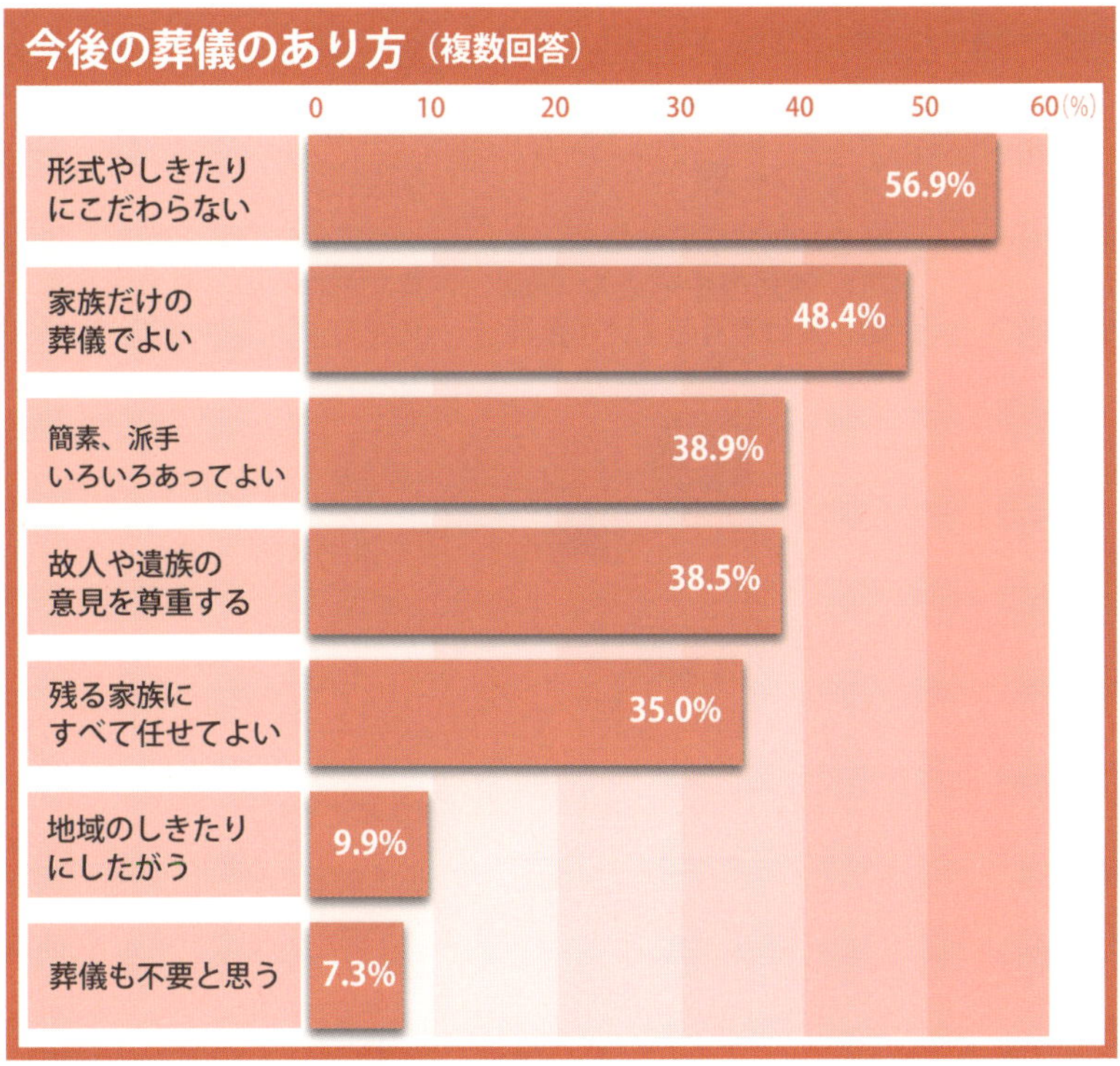

第９回葬儀についてのアンケート調査（日本消費者協会／2010年）

個性あふれる自由葬

一般的に無宗教葬を指す「自由葬」は、自分らしい個性的なお葬式で、決まったかたちや決まりごとは一切ありません。

とはいえ、無宗教葬＝無信仰ではなく、「僧侶など、特定の宗教者による宗教儀礼を行なわない葬儀」という意味です。

自由葬の魅力は、自分らしさをとり入れた、自由な演出で式を行なえることです。

ただし、その分、読経《どきょう》や焼香《しょうこう》といった宗教儀礼に代わる演出やプログラムを、自分で考えなければなりません。自分の思いをかたちにするには、自由葬の企画・運営に経験豊富な葬祭業者を選びたいところです。

最近の自由葬では、読経や焼香の代わりに、黙祷《もくとう》や別れのスピーチ、会葬者全員による献花を行なうケースが多いようです。

これらは読経に比べ時間が短くすむため、シンプルな印象の式になるのも、自由葬の特徴です。

自由葬のいろいろ

音楽葬

焼香や献花の間に、自分が好きな曲を捧げる方法が多い。生演奏ができる式場は限られるので、要注意

フラワー葬

好きな花で祭壇を飾り、献花が儀式の中心となる葬儀。安価で質のよい花祭壇を提供する葬祭業者も増えている

個展葬

生前に描いた絵や陶芸、写真などの作品を展示し、展覧会のように参列者に鑑賞してもらう葬儀

ゴルフ葬

愛用のゴルフセットで祭壇を飾ったり、旅立ちの衣装としてゴルフウェアをまとうなどして行なう葬儀

映像を用いた葬儀

生前の写真や映像を使用してオリジナル映像を制作し、略歴やナレーションとともに流す葬儀

ワイン葬

仏式の葬儀の後半を偲ぶ会形式にして、愛飲のワインでおもてなしをする葬儀

家族葬（密葬）について

最近増えている「家族葬（密葬《みっそう》）」は、家族や親族、親しい方のみで執り行なう葬儀のことです。リビングのような規模と雰囲気の会場を借りて行なわれることもあり、「リビング葬」と呼んでいる葬祭業者もあります。

多くても30人程度の家族やごく親しい人だけが集まる式ですから、派手になりがちな一般葬よりリーズナブルですし、多くの会葬者への応対に神経を遣う必要がないため、ゆっくりと最後のお別れをすることができます。

一般葬と形式はほぼ同じですが、約3分の1が無宗教で行なわれ、「香典・供花《きょうか》などを辞退することが多い」「葬儀のあとに死亡の通知を出す」「葬儀後に、あらためてお別れ会をする場合もある」といった特徴があります。

準備の際に気をつけたいのは、来てほしい人だけにお知らせして参列してもらうため、事前に「式の前にお知らせする人」と、「式のあとに書面で報告する人」を分けてリストアップしておく必要があることです。リストの存在を、生前から家族にも知らせておきましょう。

生前葬について

「生前葬《せいぜんそう》」とは、本人が生きているうちに行なわれる葬儀のことで、有名人をはじめとしてちらほらと見られるようになってきました。

生前葬には、「死期が近いことを知っている人が、元気なうちに親しい人を集めて行なうもの」と、「死期にかかわらず、第二の人生に向けての一区切りを表し、新たな人生を歩むという意味でのイベント」の2つがあります。

仏式などの宗教形式で行なうこともありますが、多くは、ホテルや旅館などを会場としたパーティー形式の無宗教葬が多いようです。

最大の特徴はやはり、本来出席できるはずのない自分の葬儀に喪主《もしゅ》として参加し、本人の意思で自由に思いどおりの式を行なえることでしょう。

生前葬は、まだ一般的ではないため、招待者への説明や配慮が必要です。招待者が困惑しないよう、趣旨を理解してもらうのはもちろん、招待状には服装や香典についての具体的な説明を盛り込みましょう。

直葬について

お葬式をしないで、火葬だけすることを「直葬《ちょくそう》」といいます。通常は「死亡↓通夜↓葬儀・告別式↓火葬」という段階を踏みますが、直葬では途中の儀礼をすべてとり払い、「死亡↓火葬」となります。

直葬自体は昔からある方法ですが、新しい葬送のかたちとして、大都市を中心に広がり始めています。

ただし、直葬で省かれる通夜や葬儀は、遺族が徐々に死と向き合い、心の整理をつける役割も担っています。

もし、費用や手間の面だけで直葬を希望しているなら、再度よく考え、家族と話し合うことをおすすめします。

生前予約・生前契約について

「生前予約」は、本人が自分の葬儀について、あらかじめ内容や費用、支払い方法などを葬祭業者と話し合い、約束しておくシステムです。

「生前契約」は、業者との間で葬儀の内容と費用の支払い方法を明確にとり決め、それについて記した契約書をとり結ぶものです。

また、家族のいない人や、いても負担をかけたくない人が、自分の終末期から死亡後にかかってくるさまざまな手続きを代行してもらう契約を交わすことも「生前契約」といいます。「NPOりすシステム」などのNPO団体や市民団体では、葬儀に関することだけでなく、財産の管理や精算、遺品の整理なども請け負ってくれます。

不確定な将来の話ですから、とりわけ費用の支払いなどについては、慎重に検討しましょう。

生前予約・契約時に確認しておきたいこと

- 内容の変更はできるのか？
- 数年ごとの見直しはできるのか？
- 解約はできるのか？
その場合の払戻しはあるのか？
- 物価変動に応じて
金額の変動はあるのか？
- 支払いはいつするのか？
- 先払いを妙に急かされていないか？
- 互助会などは積立金で
どの範囲までまかなえるのか？
- 主宰企業・団体が倒産・解散した場合、
予約・契約・返金はどうなるのか？

自分らしい葬儀を考える

新しい葬儀のかたちについて知り、「自分ならこうしたい！」と、願望が具体化してきた人もいるでしょう。「やっぱり、通常行なわれている仏式が一番」とお考えの人も多いかもしれません。仏式の場合でも、希望を反映して自分なりの演出ができる余地は十分にあります。順を追って一緒に考えていきましょう。

スタイル（宗教）を決める

まず、最初に決めたいのが、宗教葬か無宗教葬かということです。無宗教葬を望む人も増えてきてはいますが、実際には全体の数％にしかすぎず、まだそれほど多くはありません。伝統的な式に慣れた家族や親戚などから反対を受ける可能性もあることを、頭に入れておいてください。また、オリジナルの式次第を考えなくてはいけないなど、しっかりした準備も必要になります。

あなた自身に、これといった強い希望がない場合は、宗教葬（特に仏式）で執り行なうのが一般的でしょう。

費用について考える

地域によっても差がありますが、１００名の仏式葬儀で（うち親族が10名）、平均的な費用は２００万円を超えるぐらいといわれています。

実際、２００７～２０１０年の3年間に、家族の葬儀を経験した人が、葬儀社や寺院などに支払った費用の合計は、平均１９９万８０００円です（19ページの図参照）。

これは、ピーク時の約２３７万円（２００３年）より40万円近く減っており、この20年でもっとも低い数字となりました。

こうした世相の流れも踏まえ、費用を抑えて簡素化するのか、できるだけ豪華に行なうのかといった大まかな希望を考えておくのが望ましいでしょう。また、その費用を、自分が準備しておくかも考えておきましょう。

内容・演出を考える

宗教葬の場合、昔からの約束事にのっとって葬儀は執り行なわれますが、だからといって自分らしさが出せないということではありません。宗教儀礼にそった進行の中にも、自分らしい演出をとり入れることは可能です。

一方、無宗教葬なら、オリジナルの式次第を一から作り上げることができます。

事前に考えておきたいことを左ページにあげましたので、自分の希望をまとめてみましょう。

連絡してほしい人をまとめる

家族が、あなたの交友関係をすべて把握しているわけではありません。死後に連絡してほしい親戚や友人知人を、リストにまとめておきましょう。

また、危篤時にぜひ会いたい人がいる場合は、その旨も書いておきましょう。

式場を決める

式場には、自宅、寺院や教会、葬祭業者が所有する葬儀会館、公営の式場（火葬場が併設されていることが多い）、マンションなどの集会場、公民館やコミュニティセンターなどがあります。

最近の傾向としては、葬祭業者が所有する葬儀専門の式場が、きめ細かいサービスが受けられる、手伝いの人手がいらない、宿泊施設が完備されているなどの理由から、多く選ばれています。

新しいところではホテルがあります。交通の便がよく、駐車場も完備、料理のバラエティーが豊かで、さまざまな演出が可能など、多くのメリットがあります。「お別れ会」などの形式なら魅力的でしょう。

葬儀費用の内訳

葬儀そのものの費用（祭壇や棺など） 平均約120万円	式場・寺院利用料 平均約51万円	通夜からの飲食接待費 平均約45万円

葬儀費用の総額全国平均　199万8000円

第9回葬儀についてのアンケート調査（日本消費者協会／2010年）
※各内訳項目は個別に質問されており、その合計は葬儀総額にはなりません。大まかな目安としてお考えください。

葬儀の内容・演出について考えておくべきこと

①喪主について	■通常は配偶者か子ども ■それ以外でぜひと思う人がいるなら、希望を書いておく
②戒名について	■仏式で葬儀を行なっても、「戒名は必要ない」と考える人もいる ■戒名を希望するかしないか、希望するならどの程度のものかなどを書いておく ■戒名をいただいた僧侶へのお布施は、地域や位によって異なるが30～50万円が相場 ■位が高い戒名は、お布施も高額になる傾向あり
③旅立ちの衣装について	■納棺の際の旅立ちの衣装に、伝統的な死装束ではなく、お気に入りの衣装を選ぶ人も ■完全に袖を通したい場合は、死後硬直が始まる前に着せてもらえるように書いておく ■棺に一緒に入れてほしいものがあれば、その希望も書いておく
④遺影について	■最近は正装した写真よりも、その人らしさにあふれた温かみのある遺影が好まれる ■遺影にしたい写真があれば、エンディングノートに貼るか、保管場所を書いておく
⑤祭壇について	■伝統的なものを選ぶなら、白木祭壇 ■好きなデザインの生花祭壇、オリジナルの祭壇をお願いすることも可能
⑥音楽について	■無宗教葬はもちろん、宗教葬でも、好きな曲を流してもらえることも ■CDなどを用意するのか、生演奏を希望するのかを決める
⑦その他の演出について	■生前に撮った写真やビデオを流してほしい、思い出の品を飾ってほしいなどの希望があれば書いておく
⑧会葬返礼品などについて	■会葬返礼品や香典返しなどについて、特に希望があれば書いておく
⑨弔辞について	■弔辞をお願いしたい人がいれば書いておく
⑩その他	■「ぜひこうしてほしい」または「これだけはしないでほしい」と思うことを書いておく

遺言を書いておく

「資産家ではないから、遺言書なんて必要ない」と思っていませんか？　しかし、財産の多寡《たか》にかかわらず、遺言書がないと、遺族が集まって遺産分割協議書を作らねばならず、残された人たちの負担は相当なものです。子どもがいない夫婦、子どもが2人以上いる場合は、特にもめることが多いので、遺言書は必須といえるでしょう。

遺言書は、自ら作成する「自筆証書遺言」、公証人に作成してもらう「公正証書遺言」の2つの方式があります。

自筆証書遺言は、決まりを守って書けば法的に有効ですし、費用もかからず、書き直しが自由にできるというメリットがあります。ただし、日付や押印がなく、無効になってしまうといったトラブルもあります。

相続人の数が多い、不動産を持っているといった場合には、費用はかかりますが、専門家の手で作成される公正証書遺言も視野に入れて考えましょう。

自筆証書遺言と公正証書遺言

	法的に有効となる要件	メリット	デメリット
自筆証書遺言	□全文を自筆（パソコンや代筆は無効） □作成年月日を記入 □氏名を自筆で署名 □押印する（何でも可だが、実印が望ましい）	□他人に知られず作成できる □費用がほとんどかからない	□家庭裁判所による検認手続きが必要 □形式の不備などで無効になる恐れあり □偽造や紛失のトラブルも
公正証書遺言	□公証人役場に証人２名と出向く □遺言者本人が証人立ち会いのもと、遺言内容を口述 □公証人は口述を筆記、それを遺言者および証人に読み聞かせ、閲覧させる □遺言者および証人が確認後、各自署名、押印 □公証人が、法律に定める方式にしたがって作成したものであることを付記し、署名、押印	□家庭裁判所による検認が不要 □証拠能力が高く、無効になる心配が少ない □偽造、変造、紛失の心配がない	□証人が必要 □手数料が必要（財産が5000万～１億円なら手数料43000円＋諸経費） □完成まで2週間～１年を要することも

埋葬とお墓について考えておく

火葬後の遺骨は、従来は四十九日の忌明《きあ》けか一周忌のあとに、墓地に埋葬（納骨《のうこつ》）するのが一般的でした。

しかし最近では、遺骨を粉砕して自然にまく「散骨《さんこつ》」、場所は墓地ですが、墓石を建てず骨壺も使わない「樹木葬」など、新しいスタイルを選択をする人も増えてきています。

皆さんの胸の中にも、「思い出の海が見渡せる場所で眠りたい」「子どもに足を運んでもらえる場所に、お墓を建てたい」「ペットの名前を墓石に刻みたい」など、自分なりのイメージがあるのではないでしょうか？

その希望を現実のものにするためにも、次のような具体的な事項についても検討しておきましょう。

- **どこに、どのような形態で埋葬されたいか？**
- **お墓に入るなら、どのお墓にするか？**
- **お墓詣りについての希望はあるか？**

新しい埋葬のかたち（自然葬）

海や川、山、宇宙などに自然に還《かえ》す埋葬法を総称して「自然葬」と呼びます。亡くなったら自然に還りたいという思いや、墓地に人工物を置かず里山を保護しようという考えから、自然葬を選ぶ人も増えてきました。

後継ぎがいないためお墓参りをしてくれる人がいない、また、後継ぎはいるが面倒な思いはさせたくない、と思う人も少なくないようです。

自然葬は、葬儀を依頼した業者にそのまま依頼することもできますし、葬儀後にあらためて専門の業者に依頼することもできます。

散骨

遺骨を細かく砕いて、海や空、川、山など自然にまく方法を「散骨」といいます。

近年、希望する人が増え、４分の１の人が希望しているというデータもあります。中でも人気があるのは海で、海にまくことを特に「海洋葬」といいます。

埋葬については、埋葬に関する法律である「墓埋法《ぼまいほう》」で規制されていますが、散骨については、節度を持って行なわれるならば違法ではないという見解が出ています。

散骨を行なう際には、遺骨を２ミリ以下の粉末状にしなければなりません。散骨プランのある業者には、遺骨の粉砕サービスを行なっているところが多いので、問い合わせてみてください。費用は３万円前後が一般的です。

海洋葬なら、このあと、チャーターした船で沖へと移動します。その際の費用は、船の大きさなどによっても異なりますが、２人乗船タイプで約12万円前後から、というケースが多いようです。

樹木葬

「樹木葬」とは、荒れる里山を守ろうと、岩手県の住職の呼びかけで始まった新しい葬送のかたちです。墓石のかわりに、樹木や花を植えて墓標《ぼひょう》とし、遺骨は骨壺に入れずに土にそのまま埋葬します。「死んだら土に還る」という言葉がぴったり当てはまる、自然を壊さない墓地として、環境にもやさしいと注目されています。

樹木葬が行なえるのは、あくまでも墓地として登録された場所のみです。そのため、墓地の一角を「樹木葬専用」として提供する寺院も、徐々に増えてきています。

樹木葬は、墓石を建てるお墓と違って、「檀家に限る」という条件はありません。また、以前の宗旨宗派を問わずに申し込みができるところも多く、今後も増えていくことが予想されます。費用の目安は、個人墓で約40万円前後からとなっています。

宇宙葬

遺骨をカプセルに入れて、ロケットで宇宙へ打ち上げる――まるでＳＦ小説のような話ですが、「宇宙葬」と呼ばれ、現実に行なわれています。

世界で初めて、宇宙へ遺骨が打ち上げられたのは、１９９７年のことです。遺骨を積んだカプセルは、半年から250年ほど地球の周回軌道上を回り、最後は大気圏に突入して、流れ星のように消えてしまうそうです。

毎年、地球軌道上に気象観測や通信・放送などの目的で、たくさんの人工衛星が打ち上げられています。最近では、それらに遺骨を乗せて、宇宙に打ち上げるという業者も出てきています。

なお、費用は100万円ほどかかります。

生前にお墓を建てる

すでに入りたいお墓があれば問題ありませんが、「お墓はあるが、自分の希望に合ったお墓がほしい」「娘しかいないので、自分の墓は自分で考えなければ」という人もいるでしょう。最近は、元気なうちに、自分のお墓を準備する人が増えてきました。

生前にお墓を建てることを「生前建立《せいぜんこんりゅう》」といいます。かつては「寿陵《じゅりょう》」といわれ、「生前にお墓をつくることによって新たに生まれ変わり、生まれ変わることによって長寿を手に入れることができる」と考えられ、めでたいこととされてきました。また、お墓には相続税がかからないので、生前に購入することで節税対策にもなります。

実際に生前建立を行なう人は、全体の約4割いるといわれています。この中には、すでに先祖代々のお墓があるにもかかわらず、「自分の（あるいは夫婦の）お墓」を新たに求める人も含まれています。

お墓には、「○○家之墓」と彫られた一般的な「家墓《いえはか》」、自分専用の墓である「個人墓（夫婦の場合は夫婦墓）」、永代使用料を払えば承継者がいなくても永続的に管理・供養をしてくれる「永代供養墓《えいたいくようぼ》」などがあります（詳しくは5章を参照）。特に永代供養墓は、現代の家族事情などを反映して人気があり、提供される数も増えています。

生前建立をするなら、墓地の種類、予算、墓碑銘《ぼひめい》や墓地のデザインなどを吟味しましょう。お墓は、単に埋葬される場所というだけでなく、家族がお参りに来てくれる場所でもあります。行きやすさなど、家族の意向も尊重して選びたいものです。

エンディングノートのすすめ

さて、ここまで読み進むにつれ、自分の人生のフィナーレについて、だいぶ具体的なイメージがわいてきたのではないでしょうか?

しかし、いくら自分の中で具体的な希望が固まったとしても、それを家族に知ってもらえなければ、まったくのひとり相撲になってしまいます。

そんなときに役立つのが、あなたの希望を記した『エンディングノート』です。遺言書と違って法的な拘束力はありません。しかし、あなたの意思を明確に記したものという点で、あなたの死後、家族や親族の間でもめごとが起こったときなどには、効力を発揮します。

また、希望するエンディングのあり方を明記しておくことで、いざというときに家族が迷わずにすむというメリットも大きいでしょう。

ノートに記入しておきたい内容は、以下のとおりです。

- **私自身のこと(経歴や思い出、家族へのメッセージなど)**
- **エンディングの希望(介護や後見人、通夜や葬儀、埋葬やお墓についての希望など)**
- **財産の記録(動産、不動産、保険、年金、負債など)**
- **もしものときの連絡先リスト(親族、友人・知人の電話番号や住所など)**

本書に同梱してある『エンディングノート』を、ぜひ活用してください。

一気に書く必要はありません。最初から順番に書いていく必要もありません。じっくりと考えをめぐらせながら、書けるところから、筆を進めてみてください。

書き進めるにしたがって、あなたの人生は、ますます豊かに実り多いものになっていくことでしょう。

第2章

本当にあったお葬式のあれこれ

この章では、ご遺族の立場から、
実際にあったお葬式のさまざまな問題と
その対処法についてご紹介します。

ケース
1

エンディングノートに助けられたお葬式

ポイントと解説

「葬儀のときに一番困ったことは？」という問いに対し、多くの方が「葬儀の手順がわからなかった」と回答しています。

たしかに、今回のケース同様、初めての葬儀でわからないまま喪主《もしゅ》を務めなくてはならないことはよくあります。しかし、大抵の場合、周囲の頼れる親戚や葬祭業者が行なってくれるので心配はありません。

ただ、**葬儀の内容に関することや、故人の友人・関係者のリストアップなどは、喪主がやらざるをえない**でしょう。身内であっても、知らないことがたくさんあるものです。そんなとき、このケースのように、故人がエンディングノートを書き残してくれていれば、どれだけ助かるでしょう。亡くなったあとでは、どんなに聞きたくても聞くことができません。残される家族のために、最小限のことだけでも伝えておきましょう。

実務的なことだけでなく、自分史など、自身のことで家族に伝えておきたいことをまとめておくのにも便利です。自分のためにも、ご家族のためにも、書いておくことをおすすめします。

ケース
2

家族葬で気をつけたいこと

ポイントと解説

家族のことを考え、生前から、質素に身内だけでと家族葬を望む方はよくいらっしゃいます。また、このケースのように、故人の友人知人が葬儀のことをあとから知って、怒ってしまうこともよくあるようです。家族葬は事前にほとんどの方に知らせないため、そうなるのも仕方がないかもしれません。

家族葬は、少人数で簡素にできるという利点があります。ただしその分、葬儀にお呼びしなかった故人の関係者に対して、配慮を忘れないようにすることが大切です。

あらかじめ故人の交友関係を把握し、葬儀のあとにその方々に、**挨拶状で感謝の気持ちを込めて「故人の希望により身内だけで葬儀をすませた」ことを知らせましょう。**のちのち苦情があることを承知のうえで葬儀を行ない、前後はしてしまいますが、葬儀を身内ですませたことをお詫びし、故人に対する生前の厚情と感謝の意を伝えるしかありません。

質素で簡易な葬儀とはいえ、気配りの点では通常の葬儀と同じ、もしくはそれ以上に大変だと心得ましょう。

ケース
3

希望をはっきり伝えて納得のいくお葬式を

ポイントと解説

この場合、友人に紹介された葬祭業者に、そのままお願いしていればよかったのかもしれません。しかし、葬儀を依頼した経験がないため、業者のよしあしなどわからず、これからもその地域で暮らすことを考えて、自治会長のいうことを聞いておこうと思ったのです。

実際、決してよい業者でないにも関わらず、地域と密接な関係を築いて、優先的に紹介を受けている業者もいます。そのため、納得のいかない思いをした方も多いことでしょう。

しかし、**いくら慣例とはいえ、「嫌なものは嫌」と、言うべきことをはっきり伝えることは大事です。**状況に流され、あとで取り返しがつかなくなる前に意思を伝えましょう。

もし誰かの紹介の手前、断りづらいようであれば、**初めに予算を提示して、その予算内でお願いする**のも方法です。

またこのケースの場合、質素にしたいという「故人の遺志」がありました。葬儀はあくまでも、「故人」のためのものです。まわりの意見に左右されすぎないように、注意しましょう。

ケース 4

「葬儀一式30万円」の落とし穴

※この場合、③は含まれないと両者とも了解していました。

ポイントと解説

このケースでは、葬祭業者と一般との「葬儀一式」という言葉の認識の違いによってトラブルが起きました。たしかに「一式」とあれば、それが「すべて」と思うのが普通です。しかし、葬祭業者にとって「一式」とは、「自社のみで提供できる部分」を指すのです。飲食や返礼品など、別の業者に手配して用意する「実費費用」は、一切含まれないのが葬儀業界の常識です。

実際、葬儀の金銭的トラブルにおいて、この点に端を発する場合がよくあります。

そういうことがないようにするために、まず「一式」以外の別途発生する料金など、すべてを含む見積もりを葬祭業者にお願いし、**何が一式料金の中に含まれていて、何が含まれていないのか**をよく確認しましょう。中でも、葬儀の規模や会葬者の人数によって金額が変動する費用（変動費）については、想定人数を上回った場合、葬儀後にその分の追加料金が発生します。

見積もりに対しては、十分な説明を求め、それぞれの単価など、内容をチェックしておくことが重要です。

ケース 5 強制的に支払わされた「心付け」

葬儀の際、見積書の「心付け」という項目が結構な金額になっていたので、問い合わせました。すると「昔からの習慣ですから」と言われ、ほとんど強制的に支払わされました。

「心付け」は、葬儀スタッフの皆さんに、お礼としてお渡しするものだということは理解しています。ですが、説明もせず、内訳も明らかにしないで請求されたので、とても嫌な気持ちになりました。

ポイントと解説

心付けは、感謝の意を表すために出すもの。気持ちであって、出す、出さないは遺族の自由です。しかし、このケースのように、葬祭業者に半強制的に指示された方も多いのではないでしょうか？

地域によって差はありますが、心付けの目安は、大体3000～5000円とされており、それぞれの担当者（運転手、火葬場の技師、休憩場の茶の子など）に渡すのが一般的です。まだまだ慣例として残っているものの、最近では断る葬祭業者も増えてきています。

ケース 6 搬送だけお願いするつもりが…

入院先で母が亡くなったとき、すぐに病院指定の葬祭業者がお悔やみの挨拶に来ました。とりあえず遺体の搬送だけをお願いしたのですが、自宅に到着すると、そのまま葬儀の準備を始めてしまいました。

葬祭業者を決めていなかったので、病院の指定ということもあり任せたのですが、その業者の対応はひどく、大幅な出費になってしまいました。搬送だけのつもりだったのに、断らずに、安易に決めてしまったことが悔やまれます。

ポイントと解説

反省されているように、**よく考えずに葬祭業者を決めてしまうのはよくありません。**搬送をお願いしたとしても、葬儀まで頼む必要はまったくないのです。搬送費用だけをお支払いし、**葬儀についてはあらためて決めるのがよいでしょう。**

もし、葬祭業者がすでに決まっている場合は、すぐにその業者へ連絡を入れ、病院指定の業者が搬送を請け負おうとする前に、そのことをはっきりと告げて断りましょう。

第３章

お葬式の流れと大切なポイント

残されたご家族が滞りなく見送りできるよう、
臨終から通夜、お葬式までの
一連の流れについてご説明します。

臨終から納棺までの流れ

亡くなってから納棺までに行なわれることをまとめました（病院で亡くなった方で仏式の場合）。

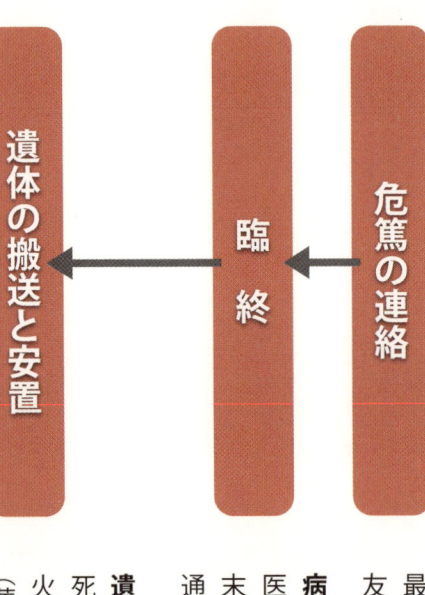

危篤の連絡 → **臨終** → **遺体の搬送と安置** →

最後に会わせたい近親者や
友人知人に、危篤の連絡をする（38ページ）

病院で行なわれること（39～40ページ）
医師による死亡判定が行なわれる
末期の水をとる／遺体の清拭を行なう／着替えをする
通夜を行なう場所に搬送し、遺体を安置する

遺体の搬送に必要な書類を受け取る（41～42ページ）
死亡診断書と死亡届を役所に提出
火葬許可申請書を提出し、火葬許可証をもらう
（葬祭業者がやってくれる）

搬送後、移動先の場所で納棺まで遺体の安置
枕飾りを整える／枕経をあげてもらう

葬儀の主宰者を決める（47～48ページ）
喪主を決める／世話役を決める
宗教者に連絡をとる

↓

僧侶との打ち合わせ
通夜、葬儀、初七日の日程について
打ち合わせをする

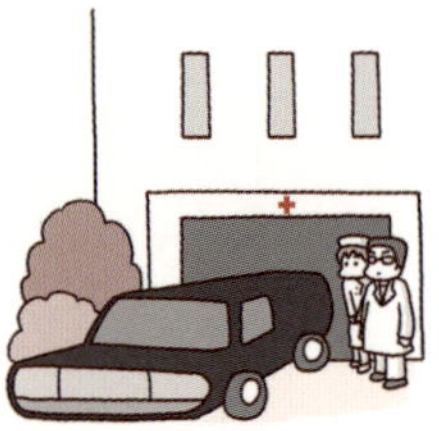

遺族での打ち合わせ → 葬祭業者との打ち合わせ → 納棺 → 通夜と葬儀の手配

葬儀について具体的に決める（43〜49ページ）

葬祭業者を選ぶ
葬儀の形式（宗教）を決める
葬祭費用の予算を決める
葬儀のイメージを決める
規模と式場のあたりをつける
祭壇を決める／遺影を準備する

遺族で打ち合わせたことを葬祭業者と打ち合わせる（50ページ）

葬儀の希望、予算などを伝える
見積書を受けとり、内容に問題がないか確認する

棺に納める（51ページ）

宗旨・宗派に合わせた衣装を着付けして身支度する
愛用していた品などを一緒に納める

通夜・葬儀の準備（50ページ）

葬儀の日時と会場を関係者に知らせる
会葬礼状、返礼品の準備をする
供花、供物を受けとる

危篤・臨終から遺体の搬送・安置まで

この章では、伝統的な仏式の葬儀を中心に、その段取りや、押さえたいポイントについてお話ししていきます。中には、「自分の葬儀の細かい段取りまで知る必要はない」と感じる方もいるかもしれません。

しかし、オリジナリティに富んだ葬儀をするにせよ、伝統的な葬儀を選ぶにせよ、基本的な葬儀の流れを知っておかなければ、「どこに自分らしさをとり入れるのか」「リーズナブルな葬儀にするには、どこを省けばいいか」といったことがはっきり見えてきません。

また、実際に葬儀を執り行なう家族や親族の立場で物事を眺めてみることで、残された家族に対し、「何を」「どのように」意思表示しておくべきかが、より具体的になるはずです。

では、まず危篤になった場合から遺体安置までの流れを見ていきましょう。

危篤になったら

医師から危篤《きとく》を告げられると、家族はできるだけ早く、最後のお別れが必要な人に連絡をとり、意識のあるうちに会えるよう手配することになります。

連絡の順番は、①家族、②親しい親族（3親等以内）、③親しい友人が一般的ですが、会いたい人がいるなら、家族に話しておき、優先的に連絡してもらいましょう。

緊急事態ですので、連絡は電話、つながらない場合はメールや電報で行ない、次のことを伝えてもらいます。

・自分の名前と本人との関係
・本人の状態（危篤であること）
・本人のいる場所（病院なら住所、電話番号、病室など）
・いつまでに来てほしいか
・自分の連絡先、など

危篤の場では冷静な判断が難しくなりますから、事前に連絡してほしい人のリストや連絡内容をまとめたものを渡しておくと、家族も安心でしょう。

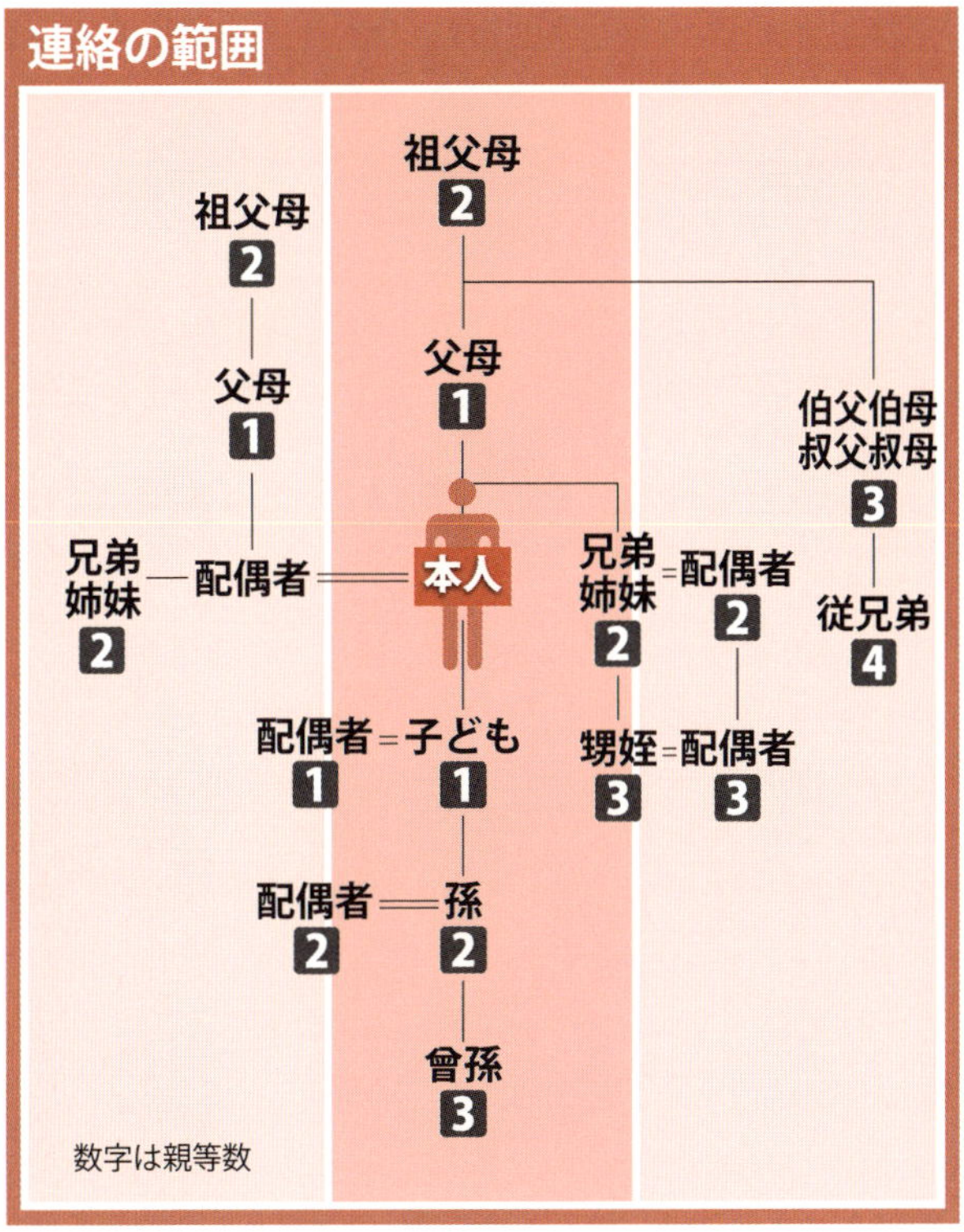

臨終のとき

病院では医師に、自宅では家族が担当医に連絡し、看《み》取《と》りをお願いします。臨終後は、血縁の深い順に末期《まつご》の水をあげ、看護師が清拭《せいしき》や着替えを行ないます。

末期の水

割り箸の先にまいた脱脂綿に水を含ませて唇を湿らせる、お別れの儀式です。準備は病院側が行ないます。

清拭

全身を拭き清め整えることを清拭といい、看護師が行ないます。こうした永眠時のケアは保険適用の範囲外で、1万～5万円ほどかかります。最近では、死化粧《しにげしょう》を「エンゼルメイク」と呼び、家族や専門業者が行なう例もあるので、希望がある場合は家族と相談してみましょう。

着替え

着替えは、通常だと新しい浴衣（寝巻き）ですが、着せてほしい服があれば、用意しておきましょう。

エンバーミング

エンバーミングとは「遺体衛生保全」という意味で、遺体を美しくかつ衛生的に長期保存できる方法のことです。アメリカでは、約9割の遺体に消毒、殺菌、腐敗防止、修復、化粧を施すエンバーミングが行なわれています。

メリットとしては、火葬のスケジュールに追われることなく、遠方の身内や友人の弔問に対応できること、やつれた見た目を整えられることなどがあげられます。

デメリットは、20万円前後（処置施設までの搬送費、化粧代などは別途必要）の費用がかかること、薬液注入などのため、遺体にメスを入れることから、家族の抵抗感が強いことなどがあります。

興味がある人は、普及活動を行なうIFSA（日本遺体衛生保全協会　http://www.embalming.jp/）のほか、最近ではエンバーミングを取り扱う葬祭業者も増えているので、問い合わせてみてください。

遺体の搬送と安置

ケアを終えた遺体は、半日～1日以内に、病院の霊安室から、自宅や葬儀場、葬祭業者の安置室などへ搬送し、納棺《のうかん》まで安置しなければなりません。

ここで気をつけたいのが、第2章のケース6のようなトラブルです。病院の指定葬祭業者に、はっきり「搬送だけお願いします」と言わないと、他社と比較検討しないまま通夜・葬儀を頼むことになり、納得のいかない葬儀になってしまう可能性が高いのです。

あなたが事前に葬祭業者を選ぶ場合には、「指定業者に搬送だけを頼む」のか、「自分の決めた業者が搬送も行なう」のかをはっきりさせておくと、家族も助かります。

病院からの搬送に、棺は不要です。搬送だけなら、料金は、10㎞以内で1万5000円となっています。

遺体安置は、仏式の場合、北枕で行ない、納棺までの臨時の祭壇として枕元に「枕飾り」を整えます。その後、菩提寺《ぼだいじ》の僧侶にお経をあげてもらいます。これを「枕経《まくらきょう》」といい、本来は死亡後すぐに行なわれます。

死亡届・死亡診断書の提出から火葬・埋葬許可証が下りるまで

遺体の搬出に先立って必要なのが、死亡届・死亡診断書の提出です。

家族に代わって葬祭業者が行なってくれるケースも多いので、自分で葬祭業者を決める場合は、これらを葬祭業者がどこまで代行してくれるのか、確認しましょう。

死亡届とは

死亡届は、死亡診断書とともに、病院でもらえます。これを提出しないと火葬の許可が下りず、お葬式ができません。

届け出は、戸籍法により、「死亡の事実を知った日から7日以内」と義務付けられています。国外での死亡は、その事実を知った日から3カ月以内です。

死亡診断書とは

「死亡診断書」は、死亡届の用紙とセットになっており、看取りに立ち会った医師が、その場で作成してくれます（不審死の場合は「死体検案書」）。

保険金や遺族年金などの請求の際にも提出が義務付けられているので、必要枚数分を作成してもらうか、提出前にコピーをとっておく必要があります。

死亡届の提出

死亡診断書が出たら、死亡届に、死亡した年月日や時間などの必要事項を記入・押印し提出します（64ページ参照）。あなたの国民健康保険被保険者証や国民年金手帳などを一緒に提出するので、所在を明らかにしておきましょう。

提出先は、死亡者の本籍地、死亡地、届け出人の所在地のいずれかの役所です。24時間無休で受け付けていますので、死亡当日か翌日に提出するのが一般的です。届け出人は遺族に限らず、代理人でもよしとされています。

火葬許可証と埋葬許可証

死亡届が受理されたら、その場で役所にある「火葬許可申請書」に記入・提出し、「火葬許可証」をもらいます。火葬許可証がないと、火葬場は受け付けてくれません。

火葬場に火葬許可証を提出すると、火葬が終わった時点で、間違いなく火葬を行なったことを証明する印が押され、遺族へ返却されます。これが「埋葬許可証」となり、納骨の際に必要になります。

死亡届の提出のしかた

届け出期間	死亡した日、または死亡を知った日から７日以内
届け出人	①同居の親族、②同居していない親族、③親族以外の同居者、④家主、⑤地主、⑥家屋管理人、⑦土地管理人、⑧公設所の長
届け出先	①死亡者の本籍地、②届出人の所在地、③死亡地、いずれかの市区町村役所の戸籍係
受付時間	土・日曜、祝日、また執務時間以外であっても随時、受付可能
届け出に必要なもの	①死亡届、②死亡診断書または死体検案書、③届出人の印鑑

※死亡者の本籍地以外の役場へ届ける場合は、死亡届を２通用意すること。
※生命保険の請求時、死亡届のコピーが必要になるので、あらかじめコピーを取ること。

葬儀の費用と葬祭業者の選び方

亡くなったその日か翌日のうちに、遺体搬送や死亡届の手続きを行なった家族は、息つく間もなく同時進行で葬祭業者を決めなければなりません。

限られた時間の中で葬祭業者を比較検討するのは難しく、費用の相場もわからないため、相手に言われるまま高額なプランを契約してしまう例があとを絶ちません。

かといって、子どもや身内は、近しい人の死をイメージすることに抵抗がありますし、周囲の目も気になりますから、事前に葬祭業者を探すといった行動に出ることは少ないものです。

それだけに、あなた自身が元気なうちに、生前契約はしないまでも目星だけでもつけておけば、葬儀にまつわる家族の負担は、ずいぶん軽くなるはずです。

自分と家族のために、ここでお話しする「葬儀の費用と葬祭業者の選び方」のポイントを押さえておきましょう。

葬祭業者の種類

２００５年「経済産業省特定サービス業実態調査」によれば、葬祭業者は全国に４１０７事業所あり、そのうち従業員数９人以下のところが、全体の65・１％を占めています。ＣＭを打つような大規模な葬祭業者がある一方で、大半は零細企業のため、ふだんはなかなか接点がなく、身近な存在とはいえません。

それだけに、葬祭業者というと、ふつうは「葬儀専門の業者」くらいしか思い浮かびませんが、実はそのほかに「病院指定葬儀社」、会員制で葬儀費用を積み立てておく「冠婚葬祭互助会」、組合員向けに安価にサービスを提供する「ＪＡ（農協）、生協」などがあります。

大手より小規模事業者が劣るかといえばそんなことはなく、地域密着で信頼を得ているところも多くあります。

葬儀費用の目安

17ページで100名の仏式葬費の平均的な予算は200万円超くらいとお話ししました。

ただし、これはあくまで目安にすぎません。額を大きく左右するのは、地域性と会葬者数です。たとえば、葬儀費用の平均が全国でもっとも高い東北地方と、もっとも低い北関東地方では、約80万円もの開きがあります。

また、会葬者数は会場規模、飲食費に関係してくるため、人数が増えれば増えるほど葬儀費用は膨らみます。

考えてみてください。家族は、あなたの葬儀にどれくらいの人が来るのか見当がつくでしょうか？　多くの場合、家族は会葬者数を多めに見積もり、大きめの会場を選ぶ傾向にあるので、思ったより会葬者が少ないと香典額も少なくなり、そのぶん費用もかさみがちなのです。

その点でも、あなた自身が葬儀の規模を考えておけば、無駄な出費を防げることでしょう。

なお、葬儀費用は、次のように大きく3つに分けられます。

葬儀費用の目安

葬儀の基本費用	基本セット（祭壇・受付設置料・人件費など）	20万〜500万円以上
	寝棺	2万〜200万円以上
	遺影	1万〜10万円
飲食や返礼品	通夜ぶるまい	2000〜3000円／1人
	精進落とし	3000円〜1万円／1人
葬祭業者以外への直接支払い費用	火葬	無料〜15万円
	式場	5万〜100万円
	お布施	10万〜80万円以上
	香典返し	香典の1/3〜1/2（3000〜4000円／1人）

①葬儀の基本費用

祭壇や棺など、最低限必要となる用品とサービスの費用

②変動・オプション費用（飲食や返礼品など）

会葬者の人数やオプション選択によって、料金が変わる費用

③葬祭業者以外への直接支払い費用

火葬場や宗教者へのお布施など

つい忘れがちなのが、③の葬祭業者以外への直接支払い費用です。これを頭に入れておかないと、予算を大きくオーバーすることになるので、注意したいところです。

葬儀と費用のイメージを持つ

葬祭業者を選ぶ前に、ひとつしておかなければならないことがあります。それは、「行ないたい葬儀」と「予算」の大まかなイメージを持つことです。

簡素でもいいからできるだけ安く抑えたいのか、値段が張っても立派な葬儀で送りたいのか、昔ながらの伝統的な葬儀がいいのか、アイデアにあふれた個性的な葬儀がいいのか、そしてそれらはいくらぐらいの予算で可能なのか……漠然とでもかまわないので、イメージすることから始めましょう。

その際には、葬儀を経験したことのある親戚や友人に、紹介してもらったり、話を聞いたりするのがベストです。

身近に経験者がいないなら、電話帳やインターネットで葬祭業者を調べて、資料を取り寄せてみましょう。

よい葬祭業者の見分け方

大まかなイメージが固まったら、興味の持てる葬祭業者をいくつか選び、「葬儀の件で相談をしたいのですが」と電話をしてみることをおすすめします。電話の応対だけでも、きちんとした感じのよい応対をするかどうかで、よしあしが、ある程度わかるからです。

電話をした中でピンとくる葬祭業者があれば、自分から出向くか、自宅に来てもらうかして実際に話をしてみることになります。

その際に、こちらの話をきちんと聞き、質問にもわかりやすく答えてくれる、そして基本料金とオプションが明確にされた詳細な見積もりを出してくれる、といったところであれば安心でしょう。

反対に、小規模な葬儀を行ないたいと言うと態度が冷たくなったり、見積もりが大まかすぎたり、こちらの質問に答えず「お任せください」の一点張りだったり……という葬祭業者は、とうていお客様の立場に立っているとはいえないので、選ばないほうが賢明です。

費用は安ければいいというものではありませんが、「相場」を知るためにも、いくつかの葬祭業者に同じ条件で見積もりを依頼し、比較検討することをおすすめします。

あまり遠方だと、緊急時の対応が遅れがちですので、葬祭業者の所在地は車で30分以内を目安にしましょう。

葬祭ディレクターとは

葬儀業界というのは、他社とじっくり比較されて選ばれることが少ないのが実情です。そのため、どうしても事業者によってサービスの質に差が出る傾向があります。

こういった事態に対応するため、全葬連（全日本葬祭業協同組合連合会）では、「葬祭ディレクター」という資格制度を設けました。葬祭業界で働く人にとって必要な知識や技能のレベルを審査する、厚生労働省認定の資格です。

葬祭事業者に資格取得が義務付けられているわけではありませんが、本資格の取得者がいる葬祭業者は、消費者の側に立って、専門的なサービスを提供しようという姿勢をあらわしているといえます。

資格取得者がいるからといって、必ずしもよい業者と断言はできませんが、安心の目安になることは確かです。

よりよい葬祭業者を見分けるためのポイント

① 初めて電話したとき、訪問したときの対応が丁寧で、好印象が持てるか？

② 質問に対して、誠実にわかりやすく説明してくれるか？

③ 費用について基本料金やオプションなど、明確な見積りを出してくれるか？

④「ダメ」「できない」と言わず、できるだけ希望を叶えようとしてくれるか？

⑤ 家族葬や密葬といった小規模な葬儀であっても、親身に応じてくれるか？

⑥ 無理に契約を急がせたり、業者側の提案をごり押しをしないか？

⑦ 店舗があり、実績も多く、長年営業を続けているか？

⑧ 一度相談した内容を把握し、毎回応対者が変わるようなことをしないか？

⑨ わかりやすいパンフレットを用意し、じっくり検討できる材料をくれるか？

⑩ 急な出費のため、支払い期限に余裕があるか？

通夜、葬儀・告別式の準備

葬祭業者を決めたら、打ち合わせをしながら細部を詰め、通夜や葬儀・告別式の準備に入ります。

「通夜」とは、葬儀前日の夜に、故人や遺族と親しかった人たちが最後のお別れをする、ごく私的な席です。これに対し「葬儀・告別式」は、故人と親しかった人たちが最後の別れを告げる、いわば公の儀式となります。

決めなければならないことが多く、家族が判断に迷う場面が増えるので、あなたが書き残すエンディングノートが必ずや役立つことでしょう。

喪主を決める

喪主《もしゅ》は葬儀全般の主宰者で、弔問を受ける遺族の代表者です。誰が喪主になるか法的な決まりはないだけに、長男・長女なのか、次男でも家を継いでいる者がなるのか、なかなか判断がつかないかもしれません。前もってあなた自身が決めておけば、家族も迷わずにすみます。

一般的には、夫婦の場合は遺された配偶者、配偶者がいない場合は長男・長女の順になります。

葬儀で喪主を務めた人が、その後の仏事を主宰することが多いので、それも踏まえて決めるとよいでしょう。

世話役を決める

世話役は、いわば縁の下の力持ち。遺族以外で、葬儀のこまごまとした実務をとり仕切る人のことです。

受付係、会計係、接待係、進行係などを分担し、世話役代表が全体のとりまとめをします。

親族や友人、町内会の方、職場の方などにお手伝いしてもらうことになりますが、現在はそのほとんどを葬祭業者のスタッフが行なってくれます。

その場合でも、金銭を扱う会計係は、親族のひとりにお願いするとよいでしょう。

葬儀の形式（宗教）を決める

葬祭業者との打ち合わせに先立ち、まず葬儀の形式（宗教）を決める必要があります。

形式には、仏式、神式、キリスト教式などがあります。第1章でご紹介した無宗教葬でも、習慣的に仏式にすることが多いので、特に形式について希望がある場合は、きちんと書き残しておきましょう。

また、ひとくちに仏式といっても、宗派や地域のしきたりによって多少の違いがあります。

宗派は、生家のものにしたがうのが一般的です。宗派がわからない場合は、親戚の年長者などに確認しておきましょう。

宗教者に連絡をとる

仏式、神式、キリスト教式などで葬儀を行なう場合は、宗教者に早めに連絡をとり、通夜や葬儀の日程などを相談することになります。

連絡先は、仏式なら菩提寺（先祖のお墓がある寺院）の僧侶、神式では神職《しんしょく》、キリスト教式では牧師、神父になります。

地元を離れているあなたの子どもたちは、菩提寺について知らない場合が多いでしょうから、エンディングノートに記しておくと、きっと助けになることでしょう。

菩提寺がなく、心当たりもない場合は、同じ宗派のお寺が近くにあるか調べておきます。葬祭業者を通じてお寺を紹介してもらうことも可能です。

規模と式場のあたりをつける

会葬礼状や食事の手配などに必要な会葬者の人数を予測し、その人数を収容できる葬儀式場のあたりをつけます。自分の交際範囲を振り返り、家族が困らないよう、会葬者の人数の目安を考えておきたいところです。

　葬儀式場のタイプについては、18ページを参考にしてください。

祭壇を決める

　ひと昔まで、祭壇といえば「極楽浄土」を意味する儀式色の強い存在でした。しかし、今は「その人を弔《とむら》うためのもの」「その人らしさをあらわしたもの」といった意味合いが強くなってきています。

　それだけに、今は仏式であっても、生花をふんだんに使った、温かみのある花祭壇《はなさいだん》などが増えています。

　祭壇の料金は、葬儀社の基本料金の中に組み込まれていますが、生花を使用する場合には、オプション料金が発生するのが一般的です。

　また、式場の規模が大きいほど、祭壇のサイズも大きく、料金も高額になるのがふつうです。デザインやサイズは葬祭業者と相談して決めることになりますが、家族は、「皆さんは、最低でもこのくらい以上はされてますよ」「安い祭壇だと、故人さんが悲しみますよ」などと言われると、ついつい高額の祭壇を選びがちです。

　あらかじめ、あなた自身がデザインやサイズのイメージだけでも決めておけば、家族の判断の手がかりになるでしょう。

遺影を準備する

　遺影には、最近撮ったもの、正面を向いているもの、普段着ではないものが適しているといわれていました。

　ですが最近は、こうしたかしこまった写真よりも、人柄がにじみ出てくるような写真のほうが好まれます。

　大きさはスナップサイズであれば引き伸ばしが可能ですし、背景なども葬祭業者が修正してくれます。もちろん、デジタルカメラのデータでも対応してくれます。

　思い出の旅行やイベント時の写真、特に気に入っている写真があれば、遺影用に使ってほしいと記しておきましょう。

葬祭業者と打ち合わせをする

ここまでお話ししてきた事柄を考えると、行ないたい葬儀のイメージと予算がはっきりしてきたのではないでしょうか。

遺族はそれらを葬祭業者に伝え、迷っている点、わからない点を相談しながら、打ち合わせを行ない、見積書を作ってもらうことになります。遺影もこのとき渡します。

この時点で、「もっと豪華に」「祭壇は小さくても」と、家族や親族の間で意見が割れ、もめ事の原因になるケースも少なくありません。無駄な争いを避けるためにも、あなたの意思をはっきりさせておくのが賢明です。

関係者に葬儀日程を知らせる

通夜・葬儀の日時と会場が決まったら、すぐに関係者に連絡をします。これについても、誰にどこまで連絡するのか、家族は迷ってしまうでしょうから、あなたが書き出しておくといいでしょう。

一般的に、連絡が必要なのは次の範囲です。

・親族（3親等以内まで）
・故人の友人知人、仕事関係、関係団体
・遺族の友人知人、仕事関係、関係団体
・近所、町内会

3親等以内の親族とは、伯父伯母（叔父叔母）、甥姪、曾祖父母、曾孫までです（39ページ図参照）。

通夜・葬儀の連絡は電話でもいいですが、ＦＡＸやメールなど、あとから先方が確認しやすい方法が主流になっています。ＦＡＸの文面は葬祭業者が用意してくれます。

弔辞をお願いしたい方には、このときに依頼します。多くても3名程度が一般的です。特にお願いしたい人がいる場合には、書き残しておきましょう。

葬儀の連絡のポイント

- 故人の氏名
- 死亡の日時
- 死亡の原因
- 享年
- 通夜、葬儀の日時と場所
- 喪主の氏名

納棺をする

納棺《のうかん》とは、遺体を棺に納めることをいい、遺体を整え、旅立ちの衣装を着せて棺に納めます。これら一連の作業は、葬儀スタッフなどの手によって進められていきますが、遺族も納棺のお手伝いをします。故人の身支度をするのは遺族にとって大変辛いことでもありますが、これは「死」を受け止める大切な作業でもあるからです。

愛用品や思い出の写真など、棺に入れてほしいものがあれば、家族に頼んでおき、このとき入れてもらいます。

亡くなったあと、時間をおかずに遺体を棺に納めることもありますが、大半は身内が集まりやすい通夜前に行なわれます。納棺の儀式にかかる時間は、大体30分前後です。手順については次のとおりです。

- 宗旨・宗派に合わせた衣装の着付けをして、遺体の身支度をする
- 棺に納める
- 愛用していた品などを納める
- 棺のふたを閉める

お布施と戒名

お布施《ふせ》とは、僧侶へ、読経《どきょう》や戒名《かいみょう》をもらったお礼として渡すものです。

もっとも悩むのがお布施の額ですが、これはいわゆる「言い値」であり、決まりはありません。葬儀の内容や、僧侶に勤めてもらう日数、宗派やお寺の格式、僧侶の位や人数によって、金額は左右されます。たとえば、戒名の値段には、位が高ければ３０００万円するものもあれば、3～5万円ですむ場合もあり、とても幅があります。

とはいえ、目安はあります。通夜・告別式の仏式葬儀を行なった場合、読経10～30万円＋戒名20～50万円程度といわれています。

なお、戒名は宗派によってその構成が異なっていますので、故人の宗派を間違えないようにしなければなりません。宗派がわからない場合や、菩提寺が離れている場合には、俗名《ぞくみょう》（生前の名）のままで葬儀を行ない、あらためて墓や遺骨を管理する菩提寺にお願いするのがよいでしょう。

通夜の実際

葬祭業者と打ち合わせを終えた家族は、葬儀場に移動し、通夜に取りかかります。通夜の実際の流れを知り、事前に考えておきたい事柄を押さえておきましょう。

通夜の席次

仏式の通夜では、一同が着席をして僧侶を迎えます。

席次は、祭壇に向かって右側が喪主、遺族、親族と血縁の深い順、左側が世話役代表、世話役、友人知人、職場関係といった順が一般的です。

通夜の流れ

まず、喪主、遺族、関係者らは着席して、僧侶の到着を待ちます。僧侶が入場して読経が始まり、読経が終わると、喪主から席次の順に焼香《しょうこう》をします。読経の途中で、僧侶が焼香を促すこともあります。

読経が終わると僧侶が退場し、喪主が挨拶をして通夜は終わります。挨拶は、通夜ぶるまいのあとにする場合もあります。挨拶では、弔問のお礼、故人が生前お世話になったお礼、通夜ぶるまいの案内などを述べます。

通夜ぶるまい

通夜終了後は、弔問客に食事やお酒をふるまう「通夜ぶるまい」を行ないます。僧侶には、喪主または世話役が挨拶をして通夜ぶるまいの席に案内します。遠慮された場合には、お膳代とお車代（各1万円ずつくらいが目安）を包みます。時間がきたら、喪主または世話役が閉会の挨拶をして、通夜ぶるまいを終了します。

通夜のあとの喪主の挨拶の例

本日は、ご多用にもかかわらず、亡き○○のために、お通夜のご焼香を賜りまして誠に有り難うございます。○○もこのように皆様に見守られまして、喜んでいてくれることと思います。

故人の在りし日のことなどお聞かせいただければと思い、ささやかではございますが、別室にお食事を用意いたしました。故人の供養のためにも、召し上がっていただきたいと存じます。

なお、明日の葬儀・告別式は○時からとなっておりますので、よろしくお願いいたします。

本日は誠に有り難うございました。

通夜の席次例

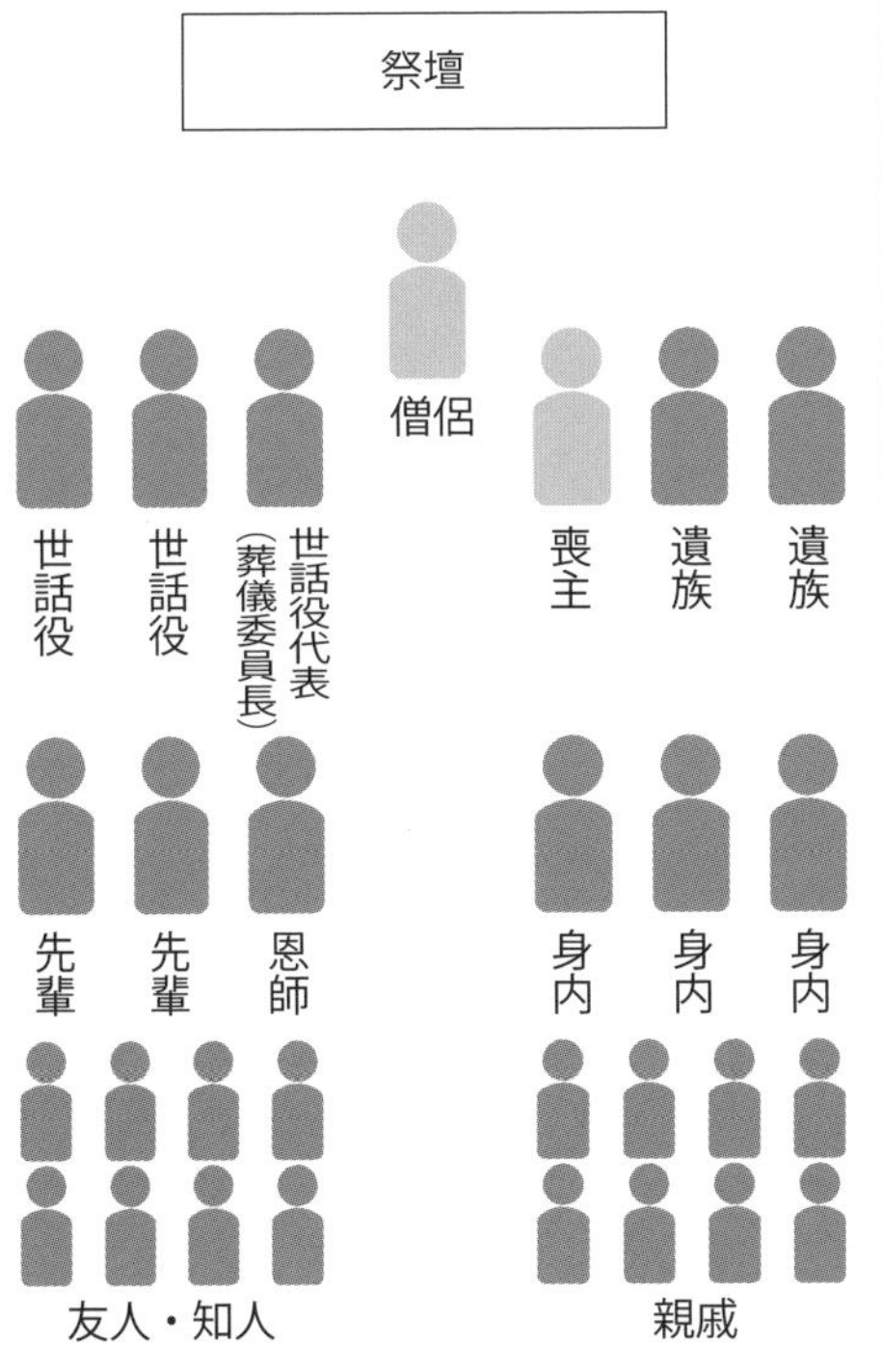

通夜と通夜ぶるまいの流れ

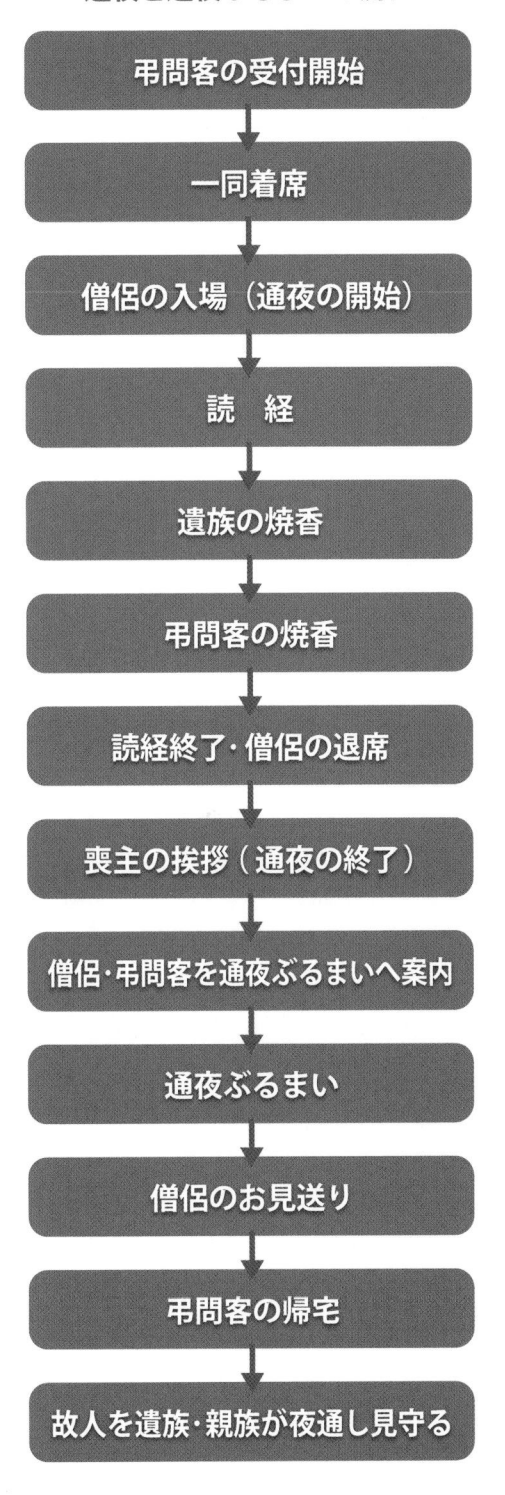

弔問客の受付開始
↓
一同着席
↓
僧侶の入場（通夜の開始）
↓
読　経
↓
遺族の焼香
↓
弔問客の焼香
↓
読経終了・僧侶の退席
↓
喪主の挨拶（通夜の終了）
↓
僧侶・弔問客を通夜ぶるまいへ案内
↓
通夜ぶるまい
↓
僧侶のお見送り
↓
弔問客の帰宅
↓
故人を遺族・親族が夜通し見守る

葬儀・告別式の実際

通夜の翌日はお葬式というのが一般的です。

自分のデザインした葬儀・告別式がどのように行なわれるのか、イメージしながら読み進めてみてください。

葬儀・告別式の流れ

「葬儀」と「告別式」は、もともと目的の違う儀式で別々に行なわれていました。

葬儀は、故人をこの世からあの世に引き渡す宗教的な儀式で、遺族やごく親しい友人などの身内だけで行なうもの、これに続く告別式は、故人と関わりのあった人が最後の別れを告げる会葬者のための儀式でした。ですが現在では、同時に行なうケースが多くなっています。

仏式の葬儀・告別式では、開式の10分前には着席し、僧侶入場の際、一礼か合掌、椅子席の場合は起立、一礼

葬儀から精進落としまでの流れ

弔問客の受付開始

↓

一同着席

先に喪主、遺族、親族が席に着いておく
その後、葬儀委員長、世話役、一般会葬者が席に着く

↓

僧侶の入場

↓

司会者による開式の辞

葬儀・告別式が始まる

↓

読経

宗派によって違うが、30～40分の読経

↓

引導

故人が迷わず成仏するように導くための儀式（浄土真宗を除く）。

して迎えます。焼香は僧侶から始め、僧侶の合図によって、喪主、遺族など席次順に行なっていきます。

そして、僧侶退場の際には、一礼して送ります。

最後のお別れ

葬儀・告別式が終了したら、出棺《しゅっかん》に先立ち、故人との最後のお別れをする「お別れの儀」が行なわれます。遺族や近親者が中心ですが、友人などにもぜひ加わってほしいという希望があれば、書き残しておきましょう。

棺のふたをとり、供花《きょうか》や事前に用意してある花を棺の中に入れて故人の周りを埋め、旅立ちを飾ってあげます。

そして、親族みんなで手を添えて、棺のふたを静かに下ろします。いよいよ出棺のときです。友人が中心となって左右に3人くらいずつで棺を運び、足のほうから霊柩《れいきゅう》車《しゃ》に納めます。

出棺の前またはあとに、喪主または遺族代表が会葬者に挨拶をします。このとき、喪主は位牌《いはい》を、次に血縁の深い人が遺影を持ちます。

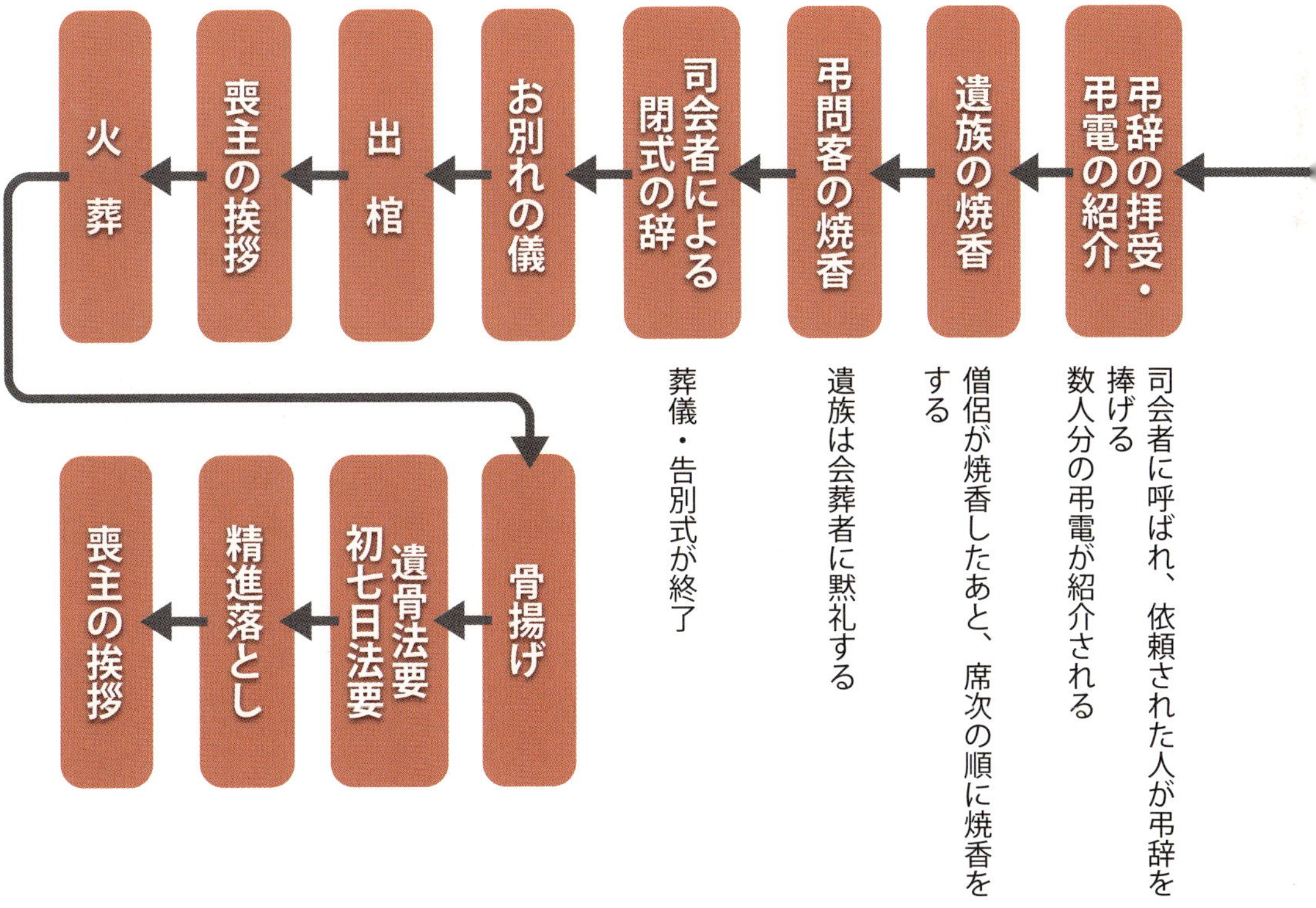
弔辞の拝受・弔電の紹介
司会者に呼ばれ、依頼された人が弔辞を捧げる
数人分の弔電が紹介される
遺族の焼香
僧侶が焼香したあと、席次の順に焼香をする
弔問客の焼香
遺族は会葬者に黙礼する
司会者による閉式の辞
葬儀・告別式が終了
お別れの儀
出棺
喪主の挨拶
火葬
骨揚げ
遺骨法要 初七日法要
精進落とし
喪主の挨拶

出棺のときの喪主の挨拶の例

　遺族を代表しまして、皆様に一言ご挨拶申し上げます。

　本日はお忙しい中、ご会葬、ご焼香を賜り、おかげさまを持ちまして葬儀、告別式とも滞りなくあいすみました。

　生前はひとかたならぬご厚誼《こうぎ》に預かり、今ここに最後のお見送りまでいただきまして、故人もさぞかし皆様のご厚情を感謝していることと存じます。

　どうか今後も、亡き父生前と変わりなきご厚誼を賜りますよう、お願い申し上げてご挨拶とさせていただきます。

　本日は誠に有り難うございました。

火葬

　火葬場へ行くのは、遺族、近親者などの身内か、ごく親しい友人というのが多く、同行してほしい人は前もって決めておくのが一般的です。ハイヤーやマイクロバスなどに分乗して、向かいます。

　火葬場に着いたら、まず火葬許可証を提出します。あらかじめ葬祭業者の人に渡しておくと、面倒がありません。

　火葬場の係員の指示にしたがい、霊柩車から棺を出し、火葬炉の前で線香、位牌などを飾って「納めの式（僧侶による読経）」を行ないます。

　その後、僧侶が読経する中、喪主以下全員で焼香して、棺を炉に納めるのを見送り、故人を荼毘《だび》に付します。

　火葬が終わるまでの約1時間は、控室で飲み物やお菓子をいただきながら、故人の思い出話をして待ちます。

骨揚げ

「骨《こつ》揚《あ》げ」とは、火葬がすんだお骨を骨壺に納める儀式です。

　喪主から関係の深い順に2人1組になり、竹の箸を使って、足のほうから順番に2つの箸でひとつの骨を拾い上げ、壺へ納めていきます。

　最後に、故人と特に関係の深かった人がのど仏を拾って終了です。

遺骨法要と初七日法要

骨揚げを終えると、白布で包んだ桐の箱に入った骨壺が遺族に渡されます。中に埋葬許可証が入っているので、確認します。

遺骨は喪主が両手で抱えて葬儀場に戻り、塩と水で体を清めます。このあと、火葬場から戻った遺骨を、埋葬の日あるいは忌明《きあ》けまで安置するための後飾《あとかざ》りの祭壇に、位牌、遺影とともに安置し、遺骨迎えの儀式である「遺骨法要」を行ないます。

通常、初七日《しょなのか》は葬儀の7日後に行なわれる供養行事ですが、最近では再び遺族が集まるのが難しいことから、遺骨法要と同時にすませることが多くなっています。

精進落とし

骨揚げをすませたあとに、葬儀当日の締めくくりとして、僧侶や世話役など、お世話になった方々を慰労するために設ける宴席を「精進落《しょうじんお》とし」といいます。

一同がそろったところで、喪主が遺族代表のお礼の言葉を述べ、宴が始まります。遺族はひとりひとりにお酌をしながらお礼の挨拶をして回り、大体1時間ほどをめどに喪主が挨拶に立って、お開きとなります。

精進落としのあとの喪主の挨拶の例

昨日の通夜、今日の告別式、火葬場までお付き合いいただきまして、どうも有り難うございました。

おかげさまで無事、繰り上げの初七日忌まで、すべて滞りなくあいすみました。これも、ひとえに皆様のお力添えがあったからこそと、感謝しております。

ささやかながら、心ばかりのお食事をご用意させていただきました。故人をしのびながらお召し上がりいただければ、供養になるかと思います。どうぞ、ごゆっくりお過ごしください。

本日は誠に有り難うございました。

葬儀後の連絡と遺品の整理

慌ただしく葬儀を終え、ホッとひと息ついたこのときから、家族にはあなたの不在が重くのしかかってきます。

しかし、まだまだ挨拶回りや遺品の整理など、さまざまな仕事が残っています。

形見分けなどは、家族それぞれの希望を聞き、元気なうちに行なってしまえば、家族の肩にのしかかる雑事の負担を減らす手助けになるはずです。

お礼の挨拶に回る

葬儀でお世話になった方々には、葬儀の翌日か翌々日、遅くとも初七日までに、喪服かそれに準じた平服で、喪主自身がお礼の挨拶に出向くのがマナーです。遠隔地などで訪問できない場合は、電話でお礼を述べます。

挨拶回りの範囲は、次のとおりです。

- 寺院
- 僧侶
- 葬儀委員長
- 弔辞奉読者
- 世話役
- 駐車場や設備、備品などをお借りした方
- 葬儀を手伝っていただいた方
- 近所の方
- 病院、医療関係の方
- 故人の仕事先
- 喪主
- 家族の勤務先
- 議員
- 組合長など目上の方

お礼の包み方 ※葬儀のお礼は葬儀を行なった宗教にあわせて包みます。

〈仏式　僧侶へのお礼〉

御布施　二見太郎

・奉書紙に包むか白無地封筒

・表書きは「御布施」「御礼」

〈神式　神官へのお礼〉

御神饌料　二見太郎

・奉書紙に包むか白無地封筒

・表書きは「御神饌料」「御礼」

〈キリスト教式　教会へのお礼〉

献金　二見太郎

・白無地封筒に包む

・表書きは「献金」「お花料」

〈お世話になった人へのお礼〉

御礼　二見太郎

・白封筒か不祝儀袋

・表書きは「御礼」「志」

〈心付け〉

志　二見

・白封筒か小型の不祝儀袋

・表書きは「御礼」「志」

お礼の包み方、渡し方

挨拶回りの際、お礼や手土産は必要ないとされていますが、葬儀委員長や世話役代表には、現金やビール券などを持参するケースがよく見られます。地域や葬儀の規模によって変わりますが、金額は大体1万円ぐらいからが一般的です。

僧侶へのお布施は、直接手渡すのではなく、切手盆などに載せて渡すのが、正しい作法とされています。

最近では、通夜の前などにお布施を渡すケースも増えており、その際、切手盆は葬祭業者が用意してくれます。お盆がない場合には、ふくさを広げてその上に載せて渡しても、失礼には当たりません。

お布施を入れるのし袋は、「御布施」と書かれた市販のものでかまいません。水引《みずひき》のあるもの、白無地などさまざまなバリエーションがありますが、どれを選んでも問題ありません。

香典返し

葬儀の当日、もしくは四十九日（三十五日の場合もある）の忌が明けると、挨拶状を添えて香典返しをします。

香典返しは、香典のほぼ半額の品物を贈る「半返し」が一般的です。

最近、増えているのが、葬儀の当日に香典返しをするケースです。

配送料がかからず、香典帳の整理も不要であるというメリットがある一方で、香典額がわからないうちに一律２０００～３０００円の品物を配ることになるので、香典が高額だった人にはあらためて別の品物を贈らねばならないというデメリットがあることも覚えておきましょう。

香典返しは、葬祭業者が選んだ無難な品物であることが多いので、こだわりのある人は、自分で選んでみるのもいいでしょう。

また、香典返しは必ずしなくてはいけないものではありません。一家の稼ぎ手が亡くなった場合には、生活費に当てたり、社会福祉団体に寄付をするという選択肢もあります。

お礼状を送る

会葬者へのお礼状（会葬御礼）は、会葬返礼品とともに葬儀当日にお渡しするのが一般的です。通常、葬祭業者が準備してくれます。

故人が写真入りのメッセージをお礼状にするケースも増えているので、あなたもどんな感謝の言葉を贈りたいか、考えておくといいでしょう。

ただし、遠方から足を運んでくれた人、弔電《ちょうでん》・供花・供物《くもつ》をくださった人、特に親しい人へは、心が伝わるお礼状を改めて送るのが望ましいでしょう。

家族葬なら挨拶状を

家族葬など、親戚やごく親しい友人だけで葬儀を行なう場合は、訃報《ふほう》を控えることが多くあります。

このため、亡くなった事実をあとから知った人が、驚いて問い合わせをしてきたり、香典などを送ってきたりということも少なくありません。

中には、「なぜ知らせてくれなかったんだ」と、怒りだす人もいるかもしれません。

そういった事態を避けるためにも、葬儀のあとに、故人の友人知人、お世話になった人などへ、感謝の気持ちを込めて挨拶状を送ることをおすすめします。

故人の死を報告し、生前の厚情に感謝して、「故人の希望により、身内だけで葬儀をすませた」ことを伝えます。お香典などを辞退する旨も、明記しておきます。

遺品の整理と形見分け

ひとりの人間が生きてきた証となる遺品は、量も膨大で、家族が整理するのもひと苦労、という話をよく聞きます。とっておくべきもの、処分するものの区別がつかないため、途方に暮れてしまうのです。

そのため、最近では遺品を仕分けして、大切なものを整理し、不要なものを処分してくれる遺品整理のサービスを提供している業者もあります。

家族にあなたとの思い出をなつかしみ、ゆっくりと悲嘆にくれる時間をプレゼントするためにも、持ち物の整理をするのはもちろん、処分していいものや、誰に何を形見分けしたいかをリストアップしておきましょう。

形見分けは、故人の遺品を記念品として贈るならわしです。時期の決まりはありませんが、仏式では、四十九日（または三十五日）の忌明けの頃に行なわれることが多いようです。

最近では、元気なうちに、家族や親しい友人の希望も聞きながら、形見分けをしてしまう例も増えています。

神式葬儀とキリスト教式葬儀

ここまでは、仏式の葬儀を中心にお話ししてきました。

ここでは、神式とキリスト教式について、簡単に解説していきます。

神式の葬儀

神式葬儀が、仏式と大きく違うのは、仏教が即成仏を祈るのに対し、神道では故人が先祖の霊とともに家にとどまり、一家の守護神、氏神《うじがみ》として祭られるということです。

また、仏式では寺院でも葬儀が行なえるのに対し、神式では「死は忌《い》み嫌うもの」として神社での葬儀は行なえず、戒名もありません。

神式では、通夜を「通夜祭《つやさい》」、葬儀を「新葬祭《しんそうさい》（斎場祭）」と呼びます。葬祭をつかさどるのは「斎主《さいしゅ》」と呼ばれる神官で、これに副斎主と進行の世話役として斎員がつきます。

祭儀に入る前には、桶に入れた水をひしゃくですくって手と口を清め、白紙で手を拭く「手水《てみず》の儀」が行なわれます。

仏式における僧侶の読経に代わるのが「祭詞《さいし》（祭文）朗読」、焼香に代わるのが「玉串奉奠《たまぐしほうてん》」です。玉串奉奠とは、榊《さかき》の枝に4つ折りの紙をつけた玉串を、祭壇に捧げる儀式です。

大まかな式次第は、仏式と同じです。

キリスト教式の葬儀

キリスト教といっても、大きく分けて、カトリックとプロテスタントがあります。両者では、葬儀の持つ意味合いも少し違います。

カトリックの葬儀は、故人の罪を神に詫びて許しを請うもので、故人の冥福を祈るものです。

それに対し、プロテスタントの葬儀は、神への感謝と遺族への慰めのために行なわれるものです。つまり、カトリックでは故人のために祈りを捧げ、プロテスタントではあくまで神に祈りを捧げるのです。

また、そもそもキリスト教には、死者の供養という考え方はありません。故人の与えられた生涯を神に感謝し、神への礼拝を行なうというかたちですので、遺影や遺体に手を合わせたり、拝んだりはしません。

キリスト教の葬儀には、本来、決められた形式はないのですが、日本の習慣をとり入れて、納棺式や献花が行なわれています。

その形式は、カトリックやプロテスタントなど、宗派によって違いがあります。

カトリックでは、通夜のことを「通夜の儀」といいます。聖歌の合唱で始まり、聖書の朗読、神父の説教、祈り、献花、遺族の挨拶、という流れです。

プロテスタントでは、通夜のことを「前夜祭」といいます。賛美歌斉唱に始まり、聖書朗読、祈り、賛美歌斉唱、説教、賛美歌斉唱、献花と進みます。

また通夜ぶるまいの習慣はありませんが、通夜のあとに茶話会を開くことがあります。

世話役は神父や牧師が務め、進行役も兼ねます。また、会場は一般に教会で行なわれます。

仏式とは少し趣きが違いますので、基本的な事柄やマナーを知っておいたほうがよいでしょう。

死亡届の書き方

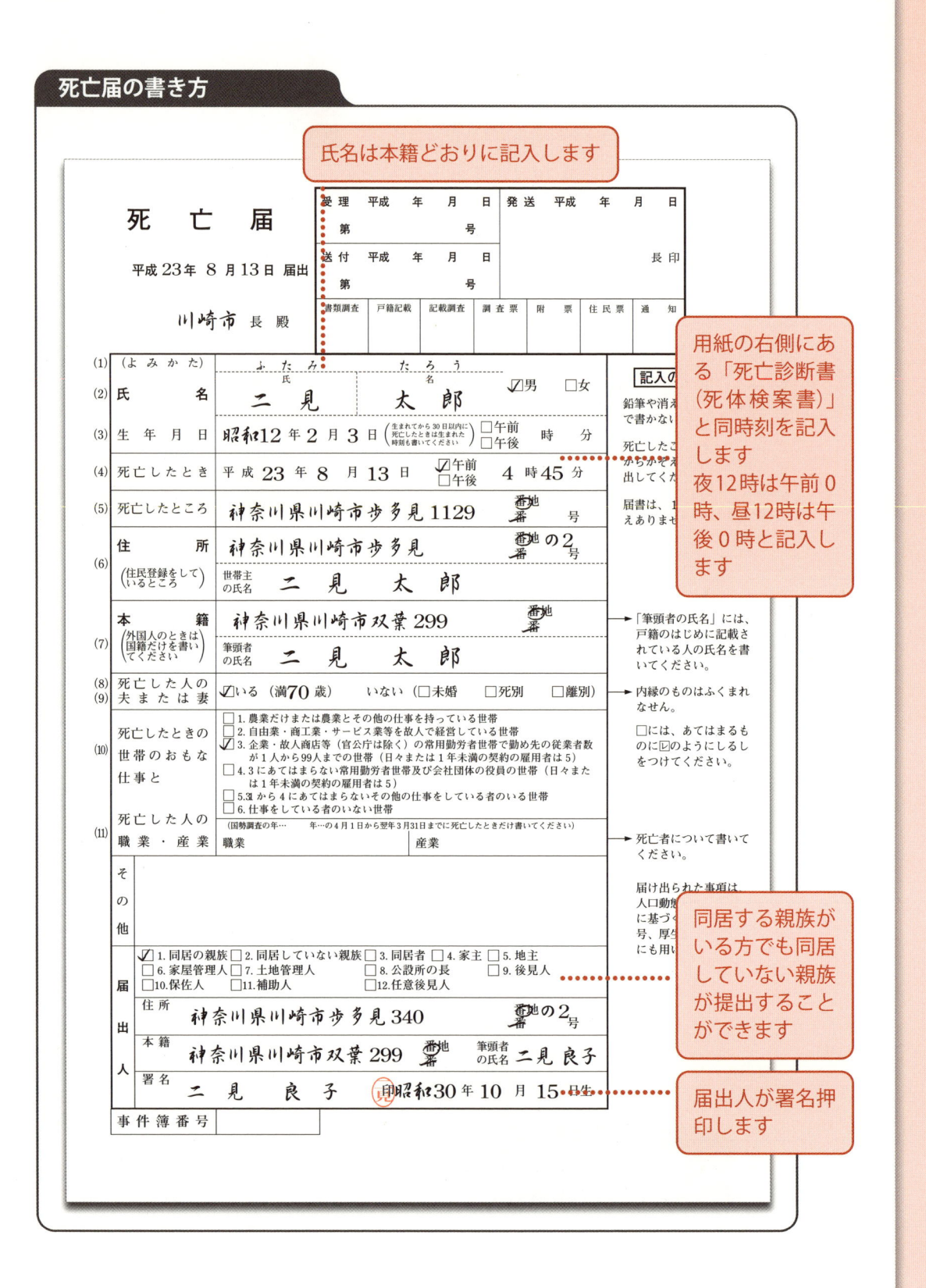

氏名は本籍どおりに記入します

死　亡　届

平成23年 8 月13日 届出

川崎市 長 殿

受理 平成 年 月 日 第 号			発送 平成 年 月 日			
送付 平成 年 月 日 第 号			長印			
書類調査	戸籍記載	記載調査	調査票	附票	住民票	通知

(1)	(よみかた)	ふたみ　たろう
(2)	氏名	氏 二 見　名 太 郎　☑男 □女
(3)	生年月日	昭和12年 2 月 3 日 (生まれてから30日以内に死亡したときは生まれた時刻も書いてください) □午前 □午後 時 分
(4)	死亡したとき	平成23年 8 月 13 日 ☑午前 □午後 4 時45 分
(5)	死亡したところ	神奈川県川崎市歩多見1129 番地 番 号
(6)	住所 (住民登録をしているところ)	神奈川県川崎市歩多見 番地 番 の2 号
		世帯主の氏名 二 見 太 郎
(7)	本籍 (外国人のときは国籍だけを書いてください)	神奈川県川崎市双葉299 番地 番
		筆頭者の氏名 二 見 太 郎
(8)(9)	死亡した人の夫または妻	☑いる(満70歳)　いない(□未婚 □死別 □離別)
(10)	死亡したときの世帯のおもな仕事と	□1. 農業だけまたは農業とその他の仕事を持っている世帯 □2. 自由業・商工業・サービス業等を個人で経営している世帯 ☑3. 企業・故人商店等(官公庁は除く)の常用勤労者世帯で勤め先の従業者数が1人から99人までの世帯(日々または1年未満の契約の雇用者は5) □4. 3にあてはまらない常用勤労者世帯及び会社団体の役員の世帯(日々または1年未満の契約の雇用者は5) □5. 1から4にあてはまらないその他の仕事をしている者のいる世帯 □6. 仕事をしている者のいない世帯
(11)	死亡した人の職業・産業	(国勢調査の年… 年…の4月1日から翌年3月31日までに死亡したときだけ書いてください) 職業　産業
	その他	
	届出人	☑1. 同居の親族 □2. 同居していない親族 □3. 同居者 □4. 家主 □5. 地主 □6. 家屋管理人 □7. 土地管理人 □8. 公設所の長 □9. 後見人 □10. 保佐人 □11. 補助人 □12. 任意後見人
		住所 神奈川県川崎市歩多見340 番地 番 の2 号
		本籍 神奈川県川崎市双葉299 番地 番　筆頭者の氏名 二見 良子
		署名 二 見 良 子 印 昭和30年10 月 15 日生
	事件簿番号	

記入の

鉛筆や消え
で書かない

死亡したこ
からかぞえ
出してくだ

届書は、1
えありませ

「筆頭者の氏名」には、戸籍のはじめに記載されている人の氏名を書いてください。

内縁のものはふくまれません。

□には、あてはまるものに☑のようにしるしをつけてください。

死亡者について書いてください。

届け出られた事項は、
人口動態
に基づく
号、厚生
にも用い

用紙の右側にある「死亡診断書(死体検案書)」と同時刻を記入します
夜12時は午前0時、昼12時は午後0時と記入します

同居する親族がいる方でも同居していない親族が提出することができます

届出人が署名押印します

第４章

葬儀後に行なう手続きと届け出

葬儀と前後して、さまざまな機関への
手続きと届け出が必要になります。
煩雑なものも多いので注意が必要です。

葬儀前後の手続きチェックリスト

葬儀のあとでも、家族は保険や年金、公共料金、銀行口座の凍結解除に加え、遺言書や相続に関するさまざまな手続きに追われます。

手続きには期限が設けられているものも多いため、必要書類は整理し、所在を明らかにしておきたいところです。

死亡後の手続き

□死亡診断書の受け取り
□死亡届の提出（7日以内）
□火葬許可申請書の提出と火葬許可証の受け取り
□埋葬許可証の受け取り
□死亡診断書記載事項証明書の受け取り（必要な場合）
□世帯主変更届の提出
□故人の出生から死亡までの連続した戸籍謄本の取得
□印鑑登録証明書の取得

保険・年金関係

□葬祭費、埋葬料の支給申請
□健康保険の資格停止手続き
□健康保険の変更事項の書き換え申請
□生命保険の支払い請求
□高額医療費の請求
□年金受給停止の手続き
□年金の未支給請求
□遺族基礎年金（国民年金）の受給手続き
□寡婦年金（国民年金）の受給手続き
□死亡一時金（国民年金）の受給手続き
□遺族厚生年金の受給手続き
□遺族補償年金の受給手続き
□遺族補償一時金の受給手続き

公共料金

□銀行口座の凍結解除と名義変更
□免許やカードの返却・解約
□公共料金の名義変更
□携帯電話などの解約
□電話の加入権承継手続き

保険関係の手続き

残された家族がまず手をつけるのが、健康保険や生命保険といった「保険」関係の手続きです。

自分がどこのどんな保険に加入していたのかを、エンディングノートなどに書き記しておきましょう。

葬祭費と埋葬料

あなたが健康保険に加入していれば、遺族に葬儀費用が支給されます。

国民健康保険に加入しているなら、「葬祭費」として3万〜7万円程度、勤務先の健康保険に加入しているなら、「埋葬料」（あなたが被扶養者の場合は、「家族埋葬料」）として、5万円が支給されます。

〈申請先の窓口〉

葬祭費は居住地の役所

埋葬料は勤務先または社会保険事務所

〈申請に必要な書類〉

・故人の健康保険証　・死亡診断書

・葬儀費用の領収書　・印鑑

〈申請期限〉

2年以内

健康保険の資格停止手続き

あなたが国民健康保険に加入している場合は、資格停止の手続きが必要です。遺族が死亡後14日以内に居住地役所に届け出て、健康保険証を返却します。

なお、あなたが世帯主の場合は、遺族の保険証に世帯主変更の手続きをしなければなりません。

あなたが勤務先の健康保険に入っている場合は、遺族が勤務先を通じて保険証を返却し、廃止手続きをします。

遺族があなたの扶養家族であるなら、死亡の翌日から保険証は無効になるので、居住地役所にてすぐに国民健康保険加入の手続きを行ないます。

生命保険の支払い請求

あなたが生命保険に加入している場合、遺族は保険会社に連絡をして申請書類を送ってもらうともに、必要な書類について問い合わせ、支払い請求の手続きを行ないます。

よく、葬儀後に保険証券が見つからず、遺族が苦労しているケースを目にします。どこにしまってあるのか、知らせておくのを忘れないようにしましょう。

〈申請の窓口〉

生命保険会社

〈申請に必要な書類〉

・保険証券　・死亡診断書

・契約者（故人）の戸籍謄本　・契約者の印鑑証明

・受取人の戸籍謄本　・受取人の印鑑証明

※保険会社ごとに必要書類は異なるので、必ず確認してください。

〈申請の期限〉

生命保険会社は3年

郵便局の簡易保険は5年

高額医療費の請求

医療費の自己負担分が、一定額（ひと月に80万〜100万円）を超えた場合、超えた分の金額が払い戻されることになっています。これは、生前に支払う医療費にも当てはまります。

医療費を支払った2〜3カ月後に書面で通知されますので、家族がこれを持って、国民健康保険の場合は居住地の役所、社会保険の場合は社会保険事務所か健康保険事務所へ行き、手続きをします。

医療費の領収書が必要になりますので、大切に保管しておきましょう。

年金関係の手続き

最近、年金の不正受給が問題化しています。わざとではなくても、家族があなたの年金手帳がなかなか見つからないことから、うっかり手続きを忘れてしまう可能性もないとはいえません。

受給停止手続きをしないと、本人がまだ生きているものとして年金が支払われ続けることになり、あとで一括して返還しなければならなくなることもあるので、注意が必要です。

年金手帳はきちんと保管しておき、家族に所在を知らせておきましょう。

年金受給停止の手続き

あなたが国民年金や厚生年金を受給している場合は、葬儀後、10～14日以内に、家族が受給停止の手続きをしなくてはなりません。

〈申請先の窓口〉

居住地役所または社会保険事務所

〈申請に必要な書類〉

・年金手帳・死亡診断書・戸籍謄本・住民票・通帳

〈申請期限〉

国民年金は14日以内、厚生年金は10日以内

年金の未支給請求

年金は、亡くなった月の分まで支払われます。年金の支給は2カ月ごとなので、亡くなった月に受けとっていない分が生じることがあります。

その場合、「未支給請求」の手続きができます。手続きができるのは、優先順位が高いほうから、あなたと生計をともにしていた配偶者、子、父母、孫、祖父母、兄弟姉妹の順となっています。

〈申請の窓口〉

居住地役所または社会保険事務所

〈申請に必要な書類〉

・年金証書　・請求者名義の貯金通帳　・印鑑
・請求者の戸籍抄本（謄本）※死亡者と戸籍が別の場合、死亡者との関係がわかるもの
・死亡者の戸籍謄本（抄本）※死亡事項の記載があるもの
・請求者の住民票抄本　・死亡者の住民票除票
・生計同一証明（別世帯の場合）

〈申請の期限〉

5年

遺族に給付される公的年金（国民年金の場合）

あなたが一家の生計を支えており、国民年金に加入している場合、遺族には「遺族基礎年金」「寡婦年金」「一時死亡金」のいずれかが支給されます。

「遺族基礎年金」は、遺族が18歳未満の子どもを持つ妻か、または18歳未満の子どもである場合に支給されます（子どもが障害者の場合は20歳未満）。

これらの条件には当てはまらないものの、あなたが保険料を25年以上納付していて、10年以上結婚していたときは、妻が60～65歳のあいだに「寡婦年金」が給付されます。

どちらにも当てはまらず、保険料納付期間が3年以上で、あなたが年金を受けずに亡くなった場合は「死亡一時金」が支給されます。

〈申請窓口〉

居住地役所の国民年金課

〈申請に必要な書類〉

・年金手帳　・死亡診断書　・戸籍謄本
・遺族全員の住民票　・所得証明書　・印鑑

〈申請期限〉

5年以内

※遺族年金などの手続きで、「死亡診断書記載事項証明」が必要な場合は、葬儀後にすみやかに取得しましょう。

遺族に給付される公的年金（厚生年金の場合）

あなたが厚生年金に加入している場合、あなたの扶養家族に「遺族厚生年金」が支給されます。支給の対象者は、配偶者、子、父母、孫、祖父母の順になります。

遺族厚生年金を受給するには、次のいずれかの条件を満たしている必要があります。

・被保険者である期間中に死亡したとき
・被保険者期間中の傷病が原因で、退職後に初診日から5年以内に死亡したとき
・障害等級1級及び2級の障害厚生年金を受けている人が死亡したとき
・年金の受給権者または受給資格者が死亡したとき

〈申請の窓口〉
社会保険事務所（ただしあなたが勤務中だった場合は、勤務先が手続きを代行してくれます）

〈申請に必要な書類と申請期限〉
国民年金の場合と同様

その他、遺族補償年金など

あなたが会社勤めをしていて、業務中または通勤中に亡くなった場合は、労災保険から遺族補償給付として、「遺族補償年金」、もしくは「遺族補償一時金」が支給されます。

遺族補償年金は、亡くなった当時、あなたの収入で生計を維持していた家族が受けとることができます。

また遺族補償一時金は、遺族補償年金を受ける遺族がいない場合や、受給権者がすべて失権した場合に支給されます。

〈申請窓口〉
勤務していた事業所を管轄する労働基準監督署

〈申請に必要な書類〉
・死亡診断書または死亡検案書　・戸籍謄本
・生計維持関係を証明する書類　・印鑑

〈申請期限〉
5年以内

相続のための手続き

相続はあなたがこの世を去った瞬間から始まります。中には、お葬式の最中、遺族が相続問題でもめている……というケースも少なくありません。

これからお話しするように、財産があってもなくても、相続には、葬儀と同じかそれ以上の手間と労力がかかるものです。

あなたが相続のための準備をしておかなかったことが原因で、遺族の人間関係にヒビが入ってしまうのは、本意でないでしょう。

家族構成や人間関係、資産額によって相続のかたちはケースバイケースで、専門書もたくさん出ていますので、ここでは相続の全体像を知り、あなたが何を準備しておくべきかに焦点をあて、説明していきます。

相続開始から遺産分割、相続税の納税までの流れ

段階	手続き	内容
生前	生前贈与	・被相続人が死亡する前に、自分の財産を分け与える
死亡	死亡届の提出	
遺言書の有無の確認	遺言書の検認 遺言執行者の選任	・遺言書を家庭裁判所で検認、開封を請求する ・遺言書の内容を執行する人物を決定する
法定相続人の調査		・被相続人の出生から死亡までの戸籍謄本を取得。法定相続人を確定する。また遺言にある場合は、対象者を相続人とする
遺産の調査	相続財産の確認 相続財産の評価	・遺産の調査によって相続財産を確定させる ・相続開始時点の時価で評価する。申告の際は国税庁の通達「財産評価基本通達」にしたがって行なうため、一般の相場と評価が違うので注意

相続手続きの流れ

大まかな相続の流れは、下記の表を参考にしてください。

押さえておきたいのは、それぞれの相続手続きには期限が設けられているということです。

遺言書の有無や中身を検証し、相続人と相続財産を確定させ、どういう相続のかたちをとるのか。ここまでを、3カ月以内に行なわなければなりません。

そのあと、4カ月目には、あなたの確定申告の期限もやってきます。

通常だと、このあたりで相続手続きは終了になりますが、あなたが資産家である場合には、まだまだ手続きが続きます。

10カ月以内に、土地や株券の評価額を税理士に相談しながら算出し、相続人が集まって遺産をどう分けるかを明記した遺産分割協議書を作成して、相続税の計算をして申告・納税する、という作業を、家族がしていくことになります。

	財産目録の作成	・負債を含めた相続財産すべてを明らかにする
	相続放棄・限定承認	・相続財産の内容によって、相続人自身の意思で相続放棄、または限定承認できる
故人の準確定申告		・死亡から4カ月以内に、故人の所得を申告する
遺産分割協議	遺産分割協議書の作成	・相続人で相続財産をどのように分割するか協議のうえ、遺産分割協議書を作成する。協議がまとまらないときは調停・審判
	財産分与	・遺言書または遺産分割協議にしたがって、分与する ・預貯金や不動産などの名義を変更する
相続税の申告・納税	相続税申告書の提出	・死亡より10カ月以内に相続税を申告し、納税する
	延納・物納の手続き	・申告期限までに申請、許可を受ける

遺言書がある場合、ない場合

遺産の分け方には、次の3とおりがあります。

①遺言による分割
②話し合いによる分割
③法定相続割合による分割

もっとも優先されるのは①の遺言による分割で、遺言書がない場合には、②の話し合いか、③の法定相続割合による分割となります。

遺産を分けてしまってから遺言書が見つかると、すべて最初からやり直しになってしまうので、遺言書をしまっておく場所は、必ず何らかのかたちで家族にわかるようにしておきましょう。

その際は、遺言書のタイプも知らせておくといいでしょう。

なぜかといえば、遺言書が自筆証書遺言の場合、この世に1通しか存在しないため、偽造・変造されて故人の意思がわからなくなってしまうのを防ぐ目的で、見つけてもすぐ開封してはいけないことになっています。

それを知らずに開封してしまうと、遺言書が無効になってしまうことがあるからです。

開封前に必要書類とともに家庭裁判所に持参して、内容を明確にし、偽造・変造がないことを証明する「検認手続き」を行ないます。

遺言書が公正証書遺言の場合には、原本が公証役場に保管されており、偽造・変造の恐れがないため、見つけたらすぐ開封してもよしとされています。

誰が相続できるのか

遺言書があれば、それにもとづいて相続人が決まりますが、遺言書がない場合には、家族があなたのこれまでの戸籍をすべてとり寄せ、法定相続人を確認することになります。

法定相続というのは、「民法で定められた、遺産を相続する資格のある相続人が、法定の割合で相続すること」を意味します。

配偶者はどんな場合にも常に相続人となり、あとの相続人には順位がつけられます。

たとえば、あなたの子どもは第1順位ですが、子どもがいない場合は、第2順位のあなたの親が繰り上がって相続人になります。

もちろん、話し合いにより、本来は相続権のない息子夫婦のお嫁さんが、相続人のひとりになるケースもありますが、やはり反対者も出てすんなりといかないのがふつうです。

だからこそ、相続権利はないが財産を分けたい人がいるのであれば、遺言書を書いておくことをおすすめします。

法定相続人

ケース	相続人	法定相続分	ポイント
配偶者と子が健在	配偶者	1/2	配偶者は常に相続人となる
	子ども	1/2	子の数で等分。ただし、非嫡出子は嫡出子の半分
子がなく配偶者と直系尊属が健在	配偶者	2/3	配偶者は常に相続人となる
	直系尊属	1/3	両親とも健在ならさらに半分。1/6 ずつ
子がなく配偶者と兄弟姉妹だけが健在	配偶者	3/4	配偶者は常に相続人となる
	兄弟姉妹	1/4	兄弟姉妹の数で等分
配偶者が死亡し子のみ健在	子ども	全部	子の数で等分 この場合、被相続人の親兄弟の相続はない

配偶者以外の法定相続人の順位

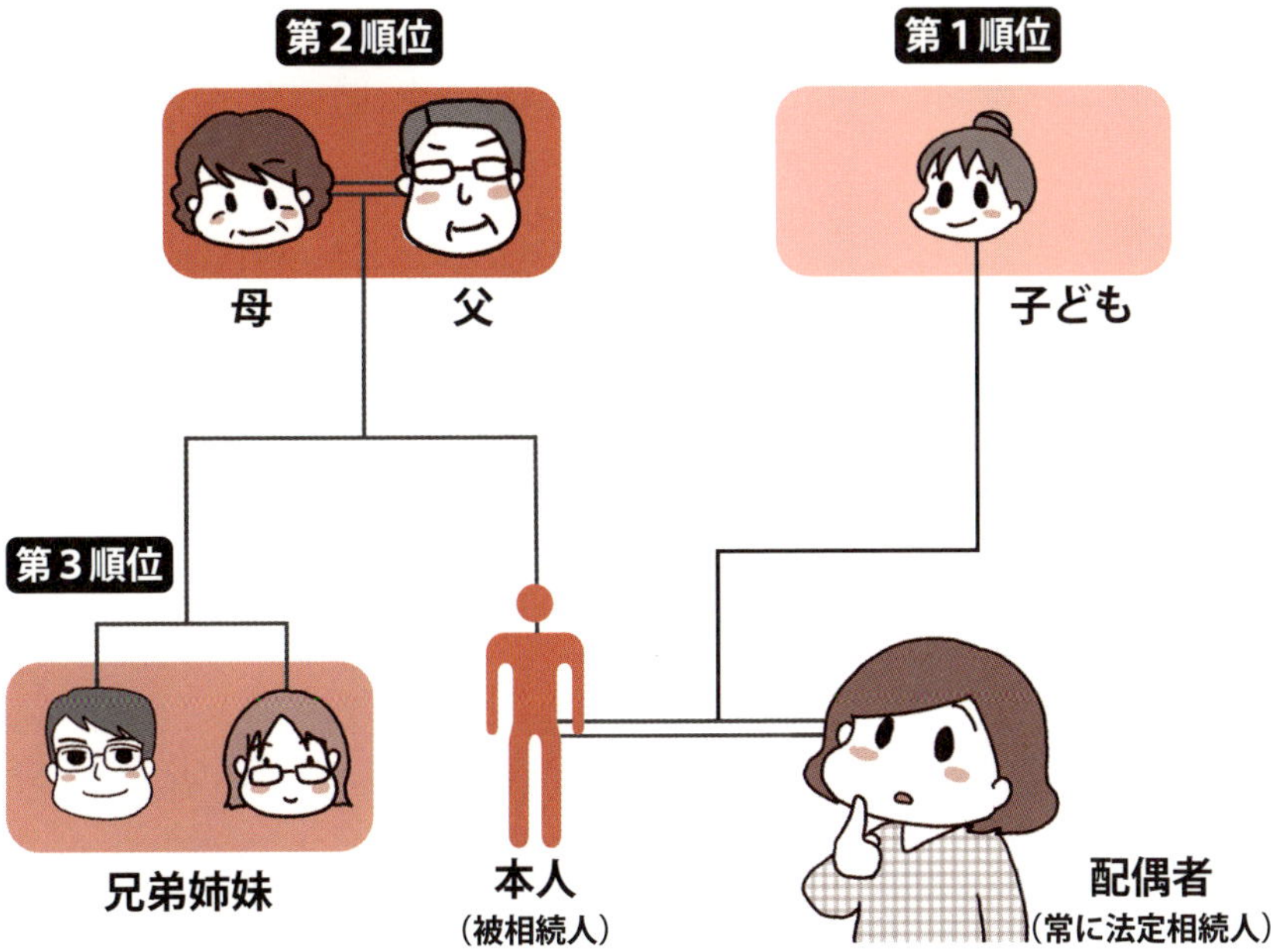

誰が何を相続するのか

遺言書で、誰が何を相続するか決めてある場合でも、「長男に全財産を」「世話になった長男の嫁に全財産を」と、特定の子や相続人でない第三者に相続が偏っている場合には、本来、遺産を受けとるはずだった法定相続人の権利を侵すことになります。

そのため、民法では、遺族が相続できる最低限度の相続分を、「遺留分《いりゅうぶん》」というかたちで確保しています。権利を侵害されたと思う法定相続人は、相続発生時から10年以内に、家庭裁判所へ遺留分の減殺《げんさい》請求をします。

遺留分の範囲は、配偶者、直系卑属《ひぞく》（あなたの子、孫、曾孫など）、直系尊属（あなたの父母、祖父母、曽祖父母など）で、割合は配偶者と直系卑属（直系卑属がいない場合は直系尊属）とで法定相続分の2分の1、配偶者と直系卑属がいない場合は直系尊属のみで法定相続分の3分の1となっています。

遺言書がない場合、あなたに子どもが複数いたり、資産家だったりする場合には、誰が何を相続するのかを決めるのに、とても時間がかかります。

家族があなたの財産や負債を洗いだし、誰が何を相続するかを決め、借金など負の財産をどうするか判断していくことになるからです。

自分の財産は自分が一番よく知っていますから、あなたがこれらの作業をすませ、家族と話し合っておくのがもっとも効率的といえます。これらをもとに遺言書を作成すれば、相続争いとは無縁でいられることでしょう。

今、あなたにできるのは、次の4つです。

① 財産・負債リストを作成する

相続というと、現金や不動産を受け継ぐイメージがありますが、借金や家のローンといった負債も、相続の対象です。

負債がある場合には、相続人はプラス、マイナス、すべての財産を放棄する「相続放棄」か、相続した遺産の範囲でのみ、マイナスの遺産を支払う「限定承認」という選択肢もあります。

② 権利関係を整理する

あなたが親から譲り受けた不動産などの名義を自分に変更していなかったり、自分が相続人になっている相続問題が解決していなかったりする場合には、家族が混乱するもとになるので、早めに片付けておきましょう。

不動産の査定をすませておき、いくらで売れるのかの目安を残しておくと、家族は助かるかもしれません。相続後、家族が生活や納税のために不動産を売却する場合、スムーズに事が運ぶからです。

③ 誰に何を相続させるかを考える

①②をもとに、相続人である家族や親戚と、誰が何を相続するか、話し合っておくのがベストです。

④ 生前贈与を検討する

これまでの感謝を目に見えるかたちであらわしたい、相続にまつわる家族の負担を減らしたいという場合には、生前贈与を検討するのも一案です。

最近では、親世代から子ども世代への資産の移転を加

相続財産となるもの

プラス財産 （積極財産）	土地・建物などの不動産 預貯金、株券・債権等の有価証券 自動車・宝石・骨董品など 売掛金・貸付金・未収債権 損害賠償請求権・慰謝料請求権 著作権、特許権・商標権・意匠権・実用新案権
マイナス財産 （消極財産）	住宅ローンをはじめとする借入金返済債務 買掛金 損害賠償債務 保証・連帯保証債務 未払金（税金、家賃、医療費など）

相続財産とみなされないもの

墓地・墓石・仏壇・位牌などの祭祀財産、香典（喪主に贈られたもの）
生命保険のうちの一定額、死亡退職金のうちの一定額、国などへ寄付をした相続財産

速させるために、贈与税の負担が軽くなっています。

贈与税のかからない生前贈与には、2つの方法があります。

ひとつめは、従来からある「暦年《れきねん》贈与《ぞうよ》」で、贈与税の基礎控除額110万円の枠内で、毎年、贈与を続けます。長年にわたって贈与を積み重ねていけるので、元気なうちから感謝の気持ちをあらわしたいという人向きです。

ふたつめは、親から子ども・孫への2500万円までの贈与が無税になり、親が亡くなって相続するときには、受けとった財産を、相続財産に加えて税金を精算できる「相続時精算課税」です。

これは、相続税を支払うほどの財産がなく、できるだけ早く子どもに財産を渡したい人向きです。相続が発生すると、贈与した財産は相続財産に加えられて相続税を計算することになり、相続税の節税につながらないため、資産家向きではありません。

なお、持ち家を妻に生前贈与したいという男性は多いのですが、持ち家の生前贈与は、贈与税や名義変更時の税金なども考えると高くつき、おすすめできません。

ただし、20年以上連れ添った夫婦間での持ち家の贈与は、2000万円まで贈与税がかかりません。贈与税の基礎控除額110万円を合わせると、2110万円まで贈与できる範囲が広がるため、条件に当てはまる夫婦であれば、検討してみてもいいでしょう。

相続財産の名義変更

あなたが作成した遺言書をもとに、もしくは遺族が遺産分割協議を行ない、誰が何を相続するのかが決まったら、すみやかに名義変更の手続きをすることになります。

名義変更が必要な相続財産には、不動産、預貯金、株式・債券、借地権・借家権、生命保険・損害保険契約などがあります。

このうち、不動産関係の名義変更には、決して安くない手数料が発生します。

たとえば、持ち家などを妻に生前贈与した場合、贈与税は無税でも、名義変更時に、登録免許税や不動産取得税などが課され、行政書士に手続きを依頼すると5〜10

万円ほどかかります。

だからといって、妻名義に変更せずにおくと、夫が亡くなったあと、相続権を持つ子どもや親戚が、妻が住む家を勝手に自分名義に変更してしまうような例も実際に起こっています。

どうしても二の足を踏みがちですが、心配をなくすにはきちんと手続きをしておいたほうが安心でしょう。

故人の確定申告

通常の確定申告は、毎年1月1日〜12月31日までの1年間の所得を申告し、それをもとに算出された税金を支払うというものです。

それに対し、亡くなった人の確定申告は「準確定申告」と呼ばれ、相続人が1月1日から死亡日までの所得を計算して、税務署に申告します。期限は、相続を知った日の翌日から4カ月以内です。

法定相続人が2人以上いる場合は、各相続人が連署して申告書を提出します。法定相続人が確定していない場合には、相続人の中から代表者を決めて申告します。

年間の医療費が10万円以上の場合には、一定の金額が所得から控除されるので、家族が困らないよう、領収書などはしっかり保管しておきましょう。

準確定申告が必要な故人

- 2カ所以上から給与を受けていた場合
- 給与収入が2000万円超の場合
- 医療費控除の対象となる高額の医療費を支払っていた場合
- 給与所得や退職所得以外の所得が合計で20万円以上あった場合
- 同族会社の役員などを務め、給与のほかに貸付金の利子、家賃などを受け取っていた場合

※当てはまらない場合は申告は不要です。

相続税の申告と納付

相続については、次の3つの観点で語られるケースが多いものです。

①家族の「相続」争いの問題
②財産を受け継いだ相続人が納める「相続税」の節税
③「相続税」が発生した場合の納税資金の確保

①についてはこれまでお話ししてきましたが、大きな事業を営む経営者や資産家でなければ、②③の相続税は縁のない話です。

その理由は、相続税を実際に納税しているのは、全体の相続件数の約5%にすぎないといわれているためです。相続税が課されるのは、基礎控除の範囲をオーバーした分についてのみです。しかも、基礎控除は、5000万円+(1000万円×法定相続人の数)と額が大きくなっています。

たとえば、法定相続人が妻と子ども2人の計3人なら、5000万円+(1000万円×3人)=8000万円までの遺産が無税で相続できます。

夫婦間の相続の場合には、相続財産を2人で築いてきたものと位置づけ、さらに優遇されています。配偶者の取得する財産が「法定相続分相当額」か、「1億6000万円まで」であれば、相続税は一切かかりません。

相続税の申告と納税が必要な場合は、亡くなった日の翌日から10カ月以内が期限です。

申告には何種類もの書類が必要で、計算も複雑なため、申告書の作成・提出を税理士に依頼するのが一般的です。

原則として、納税は申告書の提出期限までに金銭で納めるとされています。しかし、金銭で納めることが難しい場合には、不動産など財産の現物で納める「物納」、分割払いの「延納」などが認められています。

印鑑登録証明書の申請を忘れずに!

金融機関の口座を解約したり、名義変更をしたり、何かと手続きで必要なのが実印です。

契約の手続きで、よく使われる実印ですが、どんな印鑑も印鑑登録証明の申請をしなければ、実印とは認められません。

申請を怠ったばかりに、相続の発生後に、慌てて印鑑登録証明書の取得をするケースもよくあります。

いざというときのために、あらかじめ印鑑登録証明書を申請しておきましょう。

また、死後の手続きでは「3カ月以内のもの」を提出するよう指示されるので、気をつけましょう。

その他、忘れがちな手続き

葬儀のあとは、あまりに手続きや届け出が多く、家族も混乱しがちです。そのため、うっかり手続きをし忘れ、家族が不利益をこうむってしまうこともあります。

そうした事態を避けるためにも、大切なのに忘れがちな手続きをひととおりリストアップし、手続きに必要な通帳やクレジットカードをひとまとめにしておいたり、ありかをはっきりさせておくよう、心がけましょう。

銀行口座の凍結解除と名義変更

銀行は、預金者が亡くなると、口座を凍結して入出金ができないようにします。相続人のひとりが勝手に預金を引き出して、相続トラブルになるのを防ぐためです。

早急に、銀行に相続人が誰になったかを知らせて凍結解除・名義変更を行なわないと、葬儀費用をあなたが準備していても、肝心なときに引き出せない、という事態も起こります。

葬儀費用については、「危篤になったら口座凍結前に引き出してほしい」と家族に頼んでおくのが賢明です。

また、遺産分割協議前でもあとでも、必要書類を銀行に持参すれば、お金を引き出すことはできますが、亡くなった人と相続人全員の戸籍や、相続人全員が署名・捺印した遺産分割協議書などが必要になります。遺産分割協議前とあとで、必要書類は異なります。また、銀行によっても必要書類は異なるので、銀行に問い合わせなければなりません。

これだけのものを用意するには、半年～1年の時間を要してしまうこともあります。

これも、あなたが遺言書で、銀行口座の預貯金を誰にどう分配するかを決めておけば、その相続人が自分の印鑑証明、故人の除籍謄本、遺言書を持参すればいいだけなので、とてもスムーズです。

免許やカードの返却・解約

免許やカードのたぐいは、発行元に返却します。車の免許証は警察へ、老人優待パスは自治体へ、パスポートは旅券事務所へ、クレジットカードはカード会社へ返します。

気をつけたいのは、年会費や会費などが銀行引き落としになっているスポーツクラブやクレジットカードなどです。きちんと解約手続きをとっていないと、自動的に引き落とされ続けてしまいます。

家族が、あなたの生活をすべて把握しているとは限らないので、返却・解約手続きの必要なカード一覧を作っておくといいでしょう。

世帯主の変更手続き

世帯主が変わる場合には、家族のうち新しく世帯主となる人が、役所で変更手続きを行ないます。その際に必要となるのは、以下のものです。

- **国民健康保険被保険者証（加入者）**
- **届出人の印鑑**
- **身分証明書（運転免許証やパスポートなど顔写真つきのもの）**

公共料金の名義変更

亡くなった人の口座からは、電気、ガス、水道といった公共料金の引き落としができなくなってしまうので、次の引き落とし日までに名義変更しておきましょう。

名義変更は、電話でできます。引き落とし口座の変更は、預金口座振替依頼書を提出します。

なお、ＮＨＫの名義変更も電話でできます。

携帯電話の解約

携帯電話の解約には、次の書類が必要です。携帯電話と一緒に持参します。

- 葬儀の案内状や死亡診断書など、死亡の事実が確認できるもの
- 来店者の本人確認書類（免許証・パスポートなど）

電話の加入権承継手続き

電話加入権の相続人は、届け出用紙をＮＴＴのホームページからダウンロードし、次の「死亡の事実と相続関係」が確認できる書類と一緒に郵送して、加入権の承継手続きをします。

- 亡くなった人の除籍謄本または死亡診断書
- 相続人の戸籍謄本または戸籍抄本
- 相続人の印鑑
- 相続人の住民票（同じ順位の相続人が複数いる場合、継承者以外の人の同意があればなおよい）

遺産相続後の手続き・名義変更

遺産の種類	手続き	必要な書類	手続き先
土地・建物	所有権移転登記	□所有権移転登記申請書 □登記申請書副本 □被相続人の戸籍（除籍・改正原戸籍）謄本・住民票 □相続人全員の戸籍謄本と住民票（本籍地記載のあるもの） □相続人全員の印鑑証明書 □遺産分割協議書（遺言書の写し） □固定資産税評価証明書（登記申請年のもの） □不動産の登記簿謄本など □司法書士への委任状（司法書士に依頼する場合）	不動産所在地の法務局（登記所）
預貯金	名義変更／解約	□各金融機関所定の名義変更依頼書／解約申請書 □被相続人の戸籍（除籍・改正原戸籍）謄本 □預貯金通帳・キャッシュカード・証書 □遺産分割協議書（遺贈の場合は遺言書の写し）または金融機関所定の解約承諾書 □相続人全員の戸籍謄本 □相続人全員の印鑑証明書	各金融機関 ◆故人がマル優・特別マル優利用者の場合は、（特別）非課税貯蓄者死亡届などを提出する

遺産相続後の手続き・名義変更 （83ページの続き）

遺産の種類	手続き	必要な書類	手続き先
株式・債権	株主名義書き換え	□信託銀行など所定の名義変更依頼書／解約申請書 □信託銀行など所定の共同相続人同意書あるいは遺産分割協議書 □源泉分離・申告分離課税に関する死亡届 □被相続人の戸籍（除籍・改正原戸籍）謄本 □相続人全員の戸籍謄本 □相続人全員の印鑑証明書 □株券など	信託銀行、証券会社など ◆遺贈の場合は、株主名義書換請求書の写し、被相続人の戸籍（除籍）謄本、遺言執行者の資格証明書と印鑑証明書など
借地権	名義書き換え	□契約書の借主名義のみ変更	貸主
自動車	移転登録	□移転登録申請書 □自動車検査証（期限が有効なもの） □自動車検査証記入申請書 □被相続人の戸籍（除籍・改正原戸籍）謄本 □自動車賠償責任保険証明書 □遺産分割協議書の写し □印鑑証明など	陸運事務局
電話加入権	加入権承継手続き	□電話加入権承継届 □被相続人の戸籍（除籍）謄本 □相続人の戸籍謄本または抄本 □印鑑など	NTT
生命保険契約	契約者の名義変更	□生命保険会社など所定の権利継承承認請求書 □保険証券 □被相続人の戸籍（除籍）謄本 □相続人の印鑑証明書	生命保険会社
損害保険契約	契約者の名義変更	□損害保険会社など所定の権利継承承認請求書 □保険証券 □被相続人の戸籍（除籍）謄本 □相続人の印鑑証明書	損害保険会社

第５章

お墓について

葬儀のあと、四十九日の忌明け、
または一周忌で納骨をします。
お墓について考えてみましょう。

お墓を建てるまでの流れ

葬儀とセットで考えておきたいのが、お墓の問題です。お墓を建てるまでの流れをまとめましたので、大まかな手順を把握しておきましょう。

お墓を決めるにも、これだけの知識とステップが必要になります。今のうちから考え始めても、決して遅すぎることはありません。

お墓について考えておくべきこと

①墓に誰と入るかを決める

□家墓にして子孫の代まで使うか
□個人墓、夫婦墓にするか
□管理を寺院に任せる永代供養墓を選ぶか

②墓地の場所を決める

□自分の思い出の地にするか
□子どもが通いやすい場所にするか

③墓石のデザインを決める

□和型（一般的な墓石）
□洋型（横幅が広い）
□デザイン墓（自分の好きなデザインでつくる）
□決めたデザインは墓地の規約に沿っているか

④墓地（墓地を永遠に使用する永代使用権）を購入する

□公営墓地（自治体が管理運営）
□寺院墓地（寺院が管理運営）
□民営墓地（民間企業が寺院などと提携して管理運営）

⑤石材店を選ぶ

□業界団体に加盟しているか
□見積書、完成図面、契約書を出してくれるか
□実際に建てた墓を見せてくれるか
□民営墓地の場合には、店を選べないことも

お墓を建てるには

どこで誰と眠りたいか

お墓を建てるとき、まず考えなければいけないのは、自分が「どこで誰と眠りたいか」ということです。

親から引き継いだお墓がある場合には、連絡先、管理している人、管理費などを明らかにして承継する子どもに伝え、遺言にも記しておいたほうがいいでしょう。

お墓がない場合は、墓地や墓石を購入しなければなりません。費用の目安は、計200〜300万円といわれています。

一方で、墓地価格の高騰や少子高齢化から、21ページでお話しした「自然葬」や、子どもではなく寺院がお墓を供養・管理する「永代供養墓《えいたいくようぼ》」、多数の人と一緒にお墓に入る「合祀墓《ごうしぼ》」など、これまでの常識にとらわれない、新しい埋葬のかたちも注目を集めています。

転勤で数年住んでいた場所が「思い出深いから」とお墓を建てる男性もいれば、確執のあった姑や夫と同じお墓に入りたくないと、自分だけの墓地を購入した女性もいます。子どもがいない、あるいはいても遠方で暮らしていてお墓の管理が難しいため、個人墓や夫婦墓を選び、寺院と永代供養の契約を結ぶ人もいます。

自分なりのイメージを固めておきましょう。

お墓の種類

お墓には、ひとりで入るのか、夫婦で入るのか、子孫の代まで入るのかなど、入る人や数によって、さまざまなタイプがあります。

配偶者や子どもなど、今後一緒にお墓に入るであろう人たちがいる場合には、お墓参りしやすい場所、費用などを相談して決めたほうがいいでしょう。次の3種類のお墓は、もっともスタンダードなタイプです。

① 家墓《いえはか》

「○○家之墓」と家名が彫られた、伝統的なタイプです。先祖から子孫へと受け継ぐお墓なので、管理を担う承継者が必要です。

② 合祀墓

他人同士が集まってひとつの墓に入り、管理はあとに続く人たちなどが行なうタイプです。

少子化や独身者、子どものいない夫婦の増加や、血縁より親しい友人関係を重視するといった考え方の変化により、増えつつあります。

合祀墓は、自分専用の区画や墓石を用いないので、使用料が10~50万円台とリーズナブルなのも魅力です。

③ 個人墓、夫婦墓

「個人墓」はひとりで入るタイプ、「夫婦墓」は夫婦で入るタイプです。お墓自体は一代限りですが、家墓と同じく、管理をしてくれる人は必須です。

永代供養墓とは

このほか、新しい種類のお墓として「永代供養墓」が注目を浴びています。

独身者や子どものいない夫婦だけでなく、子どもはいるが娘ばかり、子どもに負担をかけたくないと考える人などのために、墓地や納骨スペースを提供し、供養と管理はお寺が行なってくれるタイプのお墓です。

ここで注意したいのは、「永代」という言葉の解釈です。永代供養と聞くと、「寺院が、永遠にお墓を管理してくれる」と考えがちですが、それは大きな誤解で、お墓を建てた場合でも、30年、50年など一定期間が過ぎると、合祀墓に合葬されます。墓石を撤去して墓所は更地され、別の人に販売されるのがふつうです。

こうした事情をしっかり踏まえたうえで、やはり自分の墓を建てるのか、墓は建てず納骨堂や合祀墓を選択するのか、よく検討しておきたいところです。

そもそも永代供養は、仏教の考え方などではなく、前述のように家制度が崩れ、お墓の継承者がいなくなったという社会の変化に対応して生まれたものです。

つまり、寺院ごとに「永代」の意味合いも違っているので、購入の際には、「永代」が何を指すのか、じゅうぶんな確認が必要であると認識しておきましょう。

墓石の種類とデザイン

墓を建てる場合には、石材店を訪れ、墓石とデザインを決めます。

使われる石の種類は国内外に３００近くもあり、価格帯も１００万円台〜数千万円台まで幅があります。

まずは、実際に石のサンプルを手にとって、色や形、大きさなどを確認しましょう。すでに建てられているお墓の石を参考にすると、わかりやすいでしょう。

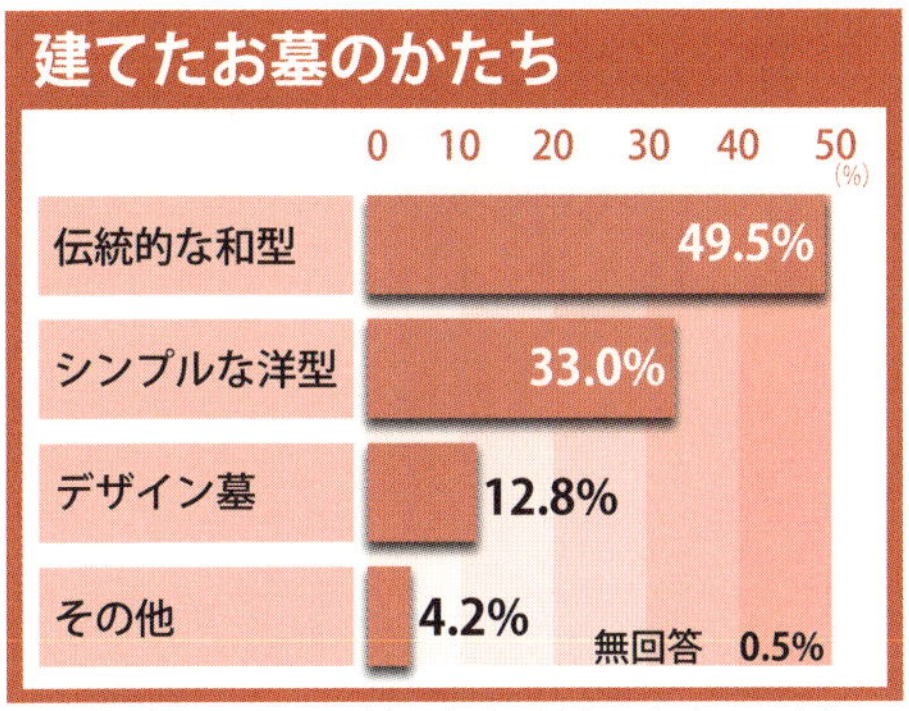

お墓購入者アンケート（全国優良石材店の会／2010年）

墓石のほとんどは「御影石《みかげいし》」と呼ばれている花崗岩《かこうがん》です。ほかに、緑がかった高級石材「小松石《こまついし》（本小松）」に代表される安山岩、斑レイ岩などもよく使われています。見た目が美しいのはもちろんですが、石が硬いと耐久性にすぐれるため、硬度も大切なポイントです。

お墓のデザインには、伝統的な縦型の「和型」、横型で洒落た雰囲気の「洋型」、自分の好きなデザインをかたちにした「デザイン墓」などがあります。

全国優良石材店の会が２０１０年に実施した、北海道から沖縄まで全国の認定店でお墓を購入した約５０００人を対象にした「お墓購入者アンケート」を見てもわかるように、２００３年より「伝統的な和型のお墓」が17%も減少し、初めて半数を割りこみました。反対に、洋型、デザイン墓は着実に増えつつあります。


お墓を建てるのに必要な費用例（東京都の場合）

お墓の費用 約251万円 ＝ 墓石の購入費（本体価格・外柵・納骨棺・施工費）約150万円 ＋ 墓地の永代使用料 約100万円 ＋ 墓地の管理費 年約1万円

お墓購入者アンケート（全国優良石材店の会／2010年）

墓地の種類と選び方のポイント

墓地の種類

墓地は管理運営母体によって、大きく「公営墓地」「民営墓地」「寺院墓地」の3つに分けられます。

イメージだけで選ぶのではなく、それぞれの特徴、メリット・デメリットをしっかり把握しましょう。

① 公営墓地

都道府県や市区町村などの自治体が管理運営をしている墓地のことで、全国に500カ所以上あります。

〈メリット〉

・使用料、管理料が安い
・管理が行き届き、比較的立地もよい
・宗旨宗派の制限がない
・永続性が保証されている

〈デメリット〉

・倍率が高く当選しにくい
・遺骨がないと申し込めないことがある、承継者が必要なことがあるなど、条件が厳しく、規定も面倒なことが多い

② 民間墓地

民間企業が寺院などと提携し、管理運営を行なっているのが民営墓地です。

〈メリット〉

・宗旨宗派の制限がない
・申し込みに当たっての資格制限がない
・お墓のデザインや大きさなどに自由度が高い
・生前に入手することができる

〈デメリット〉

・使用料、管理料が高めに設定されている
・石材店が指定されている場合が多い
・公営墓地や寺院墓地に比べると、経営面のチェックが必要
・不便な場所にあることが多い

③寺院墓地

寺院が管理運営をしている墓地のことで、多くは寺院の境内にあります。法律的にも、宗教活動の一環ととらえられており、その点でほかの墓地とは大きく異なります。

寺院墓地にお墓を建てるということは、基本的にその宗派の信徒になり、寺院の檀家になるということです。単にお墓の管理をお願いするだけでなく、お寺への支援や協力が必要になります。

ですから、使用料・管理料だけでなく、檀家になるための費用やお寺とのお付き合いの仕方、お布施や寄付などについても、あらかじめ確認しておいたほうがよいでしょう。

信頼して長くお付き合いができるか、住職の人柄なども考慮したほうがいいかもしれません。

〈メリット〉

・管理・供養がしっかりしていて、手間がかからない
・立地条件がよいものが多い

〈デメリット〉

・価格が高い
・特に都市部では空きが出にくい
・寺との関係にしばられる面がある

墓地選びのポイント

それぞれの墓地の特徴はわかったけれど、いったい自分にはどこが合っているのかわからない、という人がほとんどだと思います。

そんなあなたのために、墓地選びのポイントをお話ししていきましょう。

①交通の便はいいか？

永代供養墓にするのであれば、交通の便よりも、自分の好みを優先させてもいいでしょう。

しかし、子どもや友人に管理を依頼するなら、交通の利便性を重視したほうがいいかもしれません。お墓は建てて終わりではないことを、心に留めておきましょう。

②宗旨宗派は合っているか？

寺院墓地の場合は、宗旨宗派が限定されます。宗旨宗派の確認はもちろん、承継する人を含めて、先々のことまで検討する必要があります。

③管理は適切か？

管理体制がおざなりだと、費用対効果にも疑問がわきますし、荒れたお墓だとお墓参りも気が滅入る行事となり、家族の足も遠のきます。

共有部分の掃除や除草は行き届いているか、設備や備品はきちんと管理されているか、しっかり確認しておきましょう。

④費用は適切か？

墓地を取得するには、お墓の使用権を得るための使用料（永代使用料）と、お墓を建てたあとの管理料が必要になります。

管理料で、何をどの程度行なってくれるのかも、きちんと確認しておきましょう。

使用料と管理料は墓地の種類や地域によってかなりの違いがあります。一応、目安は以下のとおりですが、鵜呑みにせず、墓地探しの際はしっかり問い合わせてください。

①公営墓地

使用料／数十万円〜

管理料／年数千円〜１万円程度

②民営墓地

使用料／30万〜60万円程度（都心部は１００万円超の場合も）

管理料／年数千円〜１万５０００円程度

③寺院墓地

使用料／数十万円〜数百万円程度

管理料／年数千円～1万5000円程度

⑤好みのデザインのお墓を建てられるか？

墓地によっては、宗旨宗派が決められていたり、石材業者を選べなかったり、墓石の大きさやデザインなどが限定されているケースが多くあります。

デザインにこだわりたい人は、その点にも注意しましょう。

⑥設備は整っているか？

最近は、テーマパーク顔負けの墓地が増えています。ドッグランや幼児のプレイスペースが設けられているところも、少なくありません。

ただ、そのぶん管理料や使用料も高くなりがちです。豪華だからよい、ということではなく、お墓参りをする家族の立場になって、何を重視すべきかを考えましょう。

駅から遠い場所なら駐車スペースが大切でしょうし、水道やトイレの近さ、手桶やひしゃくなどの備品、お墓参りのあとひと息つける休憩所なども、チェックしておきたいポイントです。

⑦環境はよいか？

「自分は墓に入ってしまうから、周囲はどんな環境でもいい」と、つい考えがちですが、管理する家族の側に立ち、立地や周囲の環境も忘れずにチェックしましょう。

お墓が急な斜面に面していると、土砂崩れなどでお墓が倒れる可能性もあるでしょう。あまりに日当たりが悪く水はけが悪いと、墓石に苔《こけ》がつきやすいというデメリットもあります。

また、あまりに騒がしい場所にあると、落ち着いてお墓参りするのも難しいでしょう。

⑧購入後、お墓を建てる期限が決まっているか？

これまで見てきたとおり、お墓を建てるには、いくつものハードルを超えなければなりません。

あなたがお墓の準備をせずにこの世を去った場合、家族がお墓を見つけるのに時間がかかってしまうことも珍しくないのです。

また、気に入った場所があれば、今すぐにでも買っておきたい、と考えている人もいるでしょう。

そこで気になるのが、墓地を取得したあと（使用権を得たあと）、いつまでにお墓を建てなければならないかということです。

多くの墓地では、特に決まりはありませんが、使用規則に「使用権取得後〇年以内に」などと期限が設けてある場合もあるので、確認してみましょう。

一般に、墓地の購入は「納骨に間に合うように」といわれています。

納骨の期限に法的な決まりはありませんが、仏式では忌《き》明《あ》けの四十九日（三十五日の場合もあります）がふつうです。ですが、実際はもう少し余裕を持って、一周忌に納骨するというケースが多いのが実情です。

とはいえ、遅くても三回忌までには墓地を取得し、お墓を建てたいものです。

お墓を建てるまでは、遺骨は自宅に置いておくか、納骨堂などの一時収容施設に預けることもできます。

若尾裕之（わかお・ひろゆき）

1961年生まれ。立教大学経済学部経営学科卒業。

ハッピーエンディングプロデューサー、ノンフィクション作家、講師、マーケティングコンサルタント。

自身が急性肝炎で死の淵に立った経験から、楽しい老後・幸せな最期を提案するハッピーエンディングプロデューサーの第一人者として活躍。「人間の死亡する確率は100％」「死を考えることは生を考えること」という考え方をベースに、人生の最期を意識することで生き方が劇的に変わることを提案。「幸せな人生のフィナーレの迎え方」をテーマとした講演がシニア層を中心に大好評。講演やマスコミ出演も多数。著書に『ハッピーなお葬式がしたい！』（マガジンハウス）『ミュージック葬でハッピーにいこう！』『マイハッピーエンディングノート』（ともに太陽出版）がある。

イラスト ―――― トマコ

執筆協力 ―――― 伊藤彩子

カバーデザイン ―――― ヤマシタツトム＋ヤマシタデザインルーム

本文デザイン・編集協力 ―――― スパイスコミニケーションズ

家族《かぞく》も安心《あんしん》　エンディングノート
【分冊《ぶんさつ》】よくわかるお葬式《そうしき》と手続《てつづ》きの手引《てび》き

監　修　　若尾裕之《わかおひろゆき》
発行所　　株式会社 二見書房